W0214829

Julia von Brencken

Die Wüstenschwalbe

Julia von Brencken

Die Wüstenschwalbe

Biographischer Roman

EUGEN SALZER-VERLAG HEILBRONN

© Eugen Salzer-Verlag, Heilbronn 1993
Alle Rechte vorbehalten
Umschlaggestaltung: Klaus Pohl, unter Verwendung
des Gemäldes von Joseph Karl Stieler: Lady Jane Ellenborough,
1831 Schönheitsgalerie, München
Gesamtherstellung: Gutmann, Heilbronn
Printed in Germany · ISBN 3 7936 0316 4

Dieses Buch erzählt die Geschichte einer Frau, die wirklich gelebt hat und über die Honoré de Balzac in seinem Roman »Die Lilie im Tal« schrieb:

... ihre Sehnsüchte sind wie ein Tornado, der über die Wüste braust, eine Wüste, deren brennende Unendlichkeit in ihren Augen lebt, eine Wüste aus Blau und Liebe mit unendlichen Horizonten und sternenerfüllten Nächten ...

Erwartung

Die Sonne stand steil über Damaskus. Ein träger Wind fuhr über die flachen Dächer, über ausgestorbene Gassen und Plätze, über den Markt, unter dessen Gewölbe selbst die Händler zu dieser Stunde schwiegen und dösten. Es war der gleiche Wind, der vor der Stadt über die Paläste und Villen der Reichen wehte, über deren durstige Gärten strich, hier und da an geschlossenen Fensterläden leckte oder in den Kronen schattenspendender Palmen raschelte.

Etwas abseits lag ein besonders prächtiges Haus, zur Straße hin fensterlos abweisend, aber dahinter geräumig und luxuriös. Einem Irrgarten gleich wechselten blumige Innenhöfe mit Gängen und Galerien, Mosaiken und Wasserspielen. Hier verfing sich der Wind in den schmalen fahnenartigen Tüchern, die statt hölzerner Läden die Sonne abhielten. Eines dieser Tücher war hochgeschlagen und zur Seite gerafft. Der halbdunkle Raum dahinter ließ sich nur ahnen.

»Ach, wenn er doch endlich käme!« seufzte eine Stimme, um sogleich zu fragen: »Was glaubst du, Aischa, wann wird er kommen? Meinst du, heute noch? Oder morgen?«

Seufzer und Frage gingen von einer Frau aus, die hochaufgerichtet auf einem Diwan ruhte. Sie war arabisch gekleidet, in der *Dischdascha* oder auch *Dschador*, einem Gewand, das gewöhnlich aus dunkelblauem Stoff gefertigt wird. Sie aber trug es aus hellblauer Seide, der Farbe ihres heimatlichen Himmels gleich, dazu über der Stirn die *burqa*, das klingende Münzgehänge, das den stolzen Beduinenfrauen vorbehalten ist, die ihr Gesicht auch außerhalb des Hauses nicht verbergen müssen. Wenn schon das blonde, hier und da bereits ergraute Haar nicht so recht zum arabisch anmutenden Erscheinungsbild der Frau passen wollte, wieviel weniger noch ihre Augen von kräftigem Veilchenblau, die aufmerksam über einen breiten Hof und ein nach hinten hinausgehendes, hohes Tor wachten.

»Ach, wenn er doch endlich käme!« wiederholte sie klagend, »er hat es versprochen, du weißt es, Aischa ...«

Aischa, die Dienerin, im traditionellen Dunkelblau, alt und gebückt, mit dem Gesicht einer Walnuß, räumte das englische Teegeschirr ab.

»Scheich Medjuel El-Mezrab kommt, wann es ihm gefällt«, ließ sie sich zwischen Demut und Strenge vernehmen. Diese Europäer werden nie lernen, sich in Geduld zu fassen! Das kommt, weil sie ihrem Gott nicht trauen, ihm ständig ins Konzept reden, anstatt einfach abzuwarten, was er für richtig hält. Da hatten sie es mit Allah doch viel leichter, man überließ ihm einfach alles und jedes und berief sich auf ihn bei jeder Entscheidung. Das englische Teegeschirr klapperte vorwurfsvoll.

»Der Scheich ist immer gekommen und wird es auch jetzt wieder«, brummelte die Alte im Hintergrund, »die Umn-el-Laban soll lieber den Vorhang herunterlassen, damit die Hitze nicht hereinkommt. Welche Unvernunft, zur Mittagszeit den Vorhang hochzuschlagen! Die Umn-el-Laban ist schließlich auch nicht mehr die Jüngste, sie wird schon sehen, daß die Sonne ihr noch die Sinne verwirrt ...«

Wieder bekamen die Wedgewood-Tassen den Zorn

der Dienerin zu spüren. Es war aber auch wirklich nicht mit anzusehen, wie die Herrin ihre Zeit verschwendete, sich nach einem Mann zu verzehren, anstatt um ihrer Seele willen im Koran zu lesen, wenn es sein mußte auch in der Bibel, und zu Allah zu beten oder wenigstens zu diesem Gott am Kreuz. Ihr, Aischa, sollte das gleich sein. Unter Klappern und Brabbeln verließ die Alte den Raum.

Die Frau auf dem Diwan blieb allein zurück.

»Umn-el-Laban«, wiederholte sie flüsternd ihren eigenen Namen, »Mutter-der-Milch ... ja, so haben sie mich genannt, die Krieger des Beduinenstammes ... damals, als ich ihren Scheich heiratete ...«

Wie lange war das her! Und noch immer sehnte sie sich nach ihm, ihrem nach Recht und Brauch angetrauten Ehemann, wünschte ihn herbei mit allen Fasern ihres Herzens. Viele Jahre hatte sie mit ihm das Leben in der Wüste geteilt. Erst als das Alter kam und ihr das Dasein in den niedrigen, schwarzen Zelten der Beduinen ohne einen Tisch zum Essen, einen Stuhl zum Sitzen, ohne ein Bett zum Schlafen, ohne Kühlung am Tag, ohne wärmenden Kamin in wüstenkalten Nächten zu beschwerlich wurde, hatte sie sich in dieses Haus in Damaskus zurückgezogen. Ihrer Ehe hatte das keinen Abbruch getan. Medjuel, um etliches jünger als sie, hatte Verständnis dafür gezeigt, daß die Gesellschaft rauher Männer, deren blutige Kriegszüge, das Gebrüll aufsässiger Kamele, der Geruch fetten, brodelnden Hammelfleischs, nicht das Richtige für sie war. So war er bei seinem Stamm geblieben, aber jeden Neumond nach Damaskus gekommen, um ein paar Tage mit ihr zu verbringen, sie in die Arme zu nehmen und sie zu lieben, als sei sie noch immer eine ganz junge Frau.

Nun war Neumond längst vorüber, Medjuels Besuch zwei Wochen überfällig.
Die Frau auf dem Diwan setzte sich auf, um unten den in kunstvollen Ornamenten ausgelegten Hof besser ins Auge zu fassen. Die hohen Torflügel standen weit offen, der Weg dahinter führte an ein paar letzten Palmen vorbei hinaus in die sandige Unendlichkeit ohne jede Vegetation. Von dort mußte Medjuel El-Mezrab kommen, stattlich auf seinem schwarzen Hengst. Aber niemand kam. Das Viereck des offenen Tores blieb leer, nur der Wind wirbelte eine Handvoll Staub auf.
»Wo bleibst du nur, Liebster?« flüsterte die Frau, »komm endlich zu Umn-el-Laban, zu deiner Sitt, deiner Wüstenschwalbe ...«
Ja, ›Wüstenschwalbe‹, in seiner Sprache ›Sitt‹, war der Name, den Scheich Medjuel ihr in zärtlichen Stunden gegeben hatte. Ach, so viele Namen hatte sie schon gehabt in ihrem Leben! Jane Digby – Lady Ellenborough – Baronin Venningen – Gräfin Theotoky – und ums Haar noch Hadji Petros. Warum so viele Namen? Weil sie einen langen Weg gegangen war auf der Suche nach der einen wahren Liebe ihres Lebens. Von wo aber war der Weg ausgegangen? Wie hatte dies alles begonnen?
»Wenn ich mich nur besinnen könnte ...« stöhnte sie und ließ den Kopf wieder in die Kissen gleiten. Nur mühsam formten sich Bilder im Rückblick, während die Sonne gleißend und flirrend wie flüssiges Gold ins Zimmer strömte.
»Es ist einfach zu heiß ... Aischa hatte ganz recht, ich hätte den Vorhang nicht hochschlagen sollen ...«
Sie schloß die Augen und überließ sich ihren Erinnerungen.

Die Tochter des Admirals

Inmitten sanfter grüner Hügel lag einer der schönsten englischen Landsitze: ›Holkham Hall‹. Seine bizarre Bauweise, Erker, Säulen und unzählige Schornsteine, stand im Gegensatz zur ruhigen Landschaft, zu den Gruppen alter Ulmen und Eiben, dem künstlichen See mit den schwarzen Schwänen darauf.

»Hierher, Lion, hierher, Bess!« klang von dort herauf die helle herrische Stimme eines kleinen Mädchens von etwa acht Jahren. Sie wehrte sich lachend gegen die spielerischen Sprünge zweier großer schwarzer Hunde.

»Aus, Lion! Genug, Bess!« rief sie noch einmal, und die Hunde gehorchten sofort. Zärtlich fuhr sie ihnen mit der kleinen Hand über die breiten Köpfe und packte fest die messingbeschlagenen Halsbänder, als eine mütterliche Stimme von der Terrasse her rief.

»Jane! Jane, Liebling, komm herein! Beeil dich, die Kutsche kann jede Minute eintreffen.«

Es war Betty, die Nurse, der gute Geist in Janes Kindheit, wo es die Mutter an Wärme und Liebe fehlen ließ, der Vater, Admiral Digby, die meiste Zeit des Jahres für König Georg III. über die Meere segelte und der Großvater, als Earl of Leicester Herr auf ›Holkham Hall‹, versponnen und kauzig seiner eigenen Wege ging. Betty hielt, links und rechts an jeder Hand einen, Janes kleine Brüder, Edward und Kenelm, sechs und vier Jahre alt, die sich beide ängstlich an sie drängten.

Als Jane Elizabeth Digby im Jahre 1807 geboren wurde, war ihr Geschlecht für die Eltern eine herbe Enttäuschung. Sie hatten sich einen Sohn, einen Erben für ›Holkham Hall‹ gewünscht, und nun war ihnen nur eine Tochter beschert. Ihre Mutter, Lady Andover, warf nur einen kurzen Blick auf das greinende Bündel und beschloß, seine Existenz aus ihrem Bewußtsein zu streichen. Im übrigen hieß Lady Andover natürlich schlicht Mrs. Digby, sie zog es jedoch vor, den Adelsnamen aus einer früheren Ehe beizubehalten, und das schon um ihrer Schwester, einer Lady Anson, nicht nachzustehen.

Janes Vater hingegen, sofern er auf ›Holkam Hall‹ anwesend war, bemühte sich, den Fehler der Natur auszugleichen und aus Jane einen Jungen zu machen. Seine Erziehungsversuche waren liebevoll, aber streng.

»Beiß die Zähne zusammen!« befahl er, wenn Jane schon in frühesten Jahren stundenlang im Sattel aushalten mußte. Und wehe, wenn sie nicht sämtliche siegreichen Seeschlachten der englischen Geschichte wie am Schnürchen hersagen konnte.

»Vernichtung der spanischen Armada?« forschte Kapitän Digby.

»1588«, kam die prompte Antwort.

»Der Sieg am Kap St. Vincent?«

»14. Februar 1797.«

»Die Seeschlacht vor Abukir?«

»1. August 1798.«

Jane lernte mit einem Sextanten ebenso umzugehen wie mit der Flinte und schoß jeden aufstreichenden Fasan vom Himmel. Als endlich Gott ein Einsehen hatte und den Eltern doch noch zwei Söhne schenkte, war Jane ihnen nicht eine Schwester, sondern weit eher der ältere Bruder. Ihre Spiele waren stets wild und ausgelassen, Furcht kannte sie nicht und ihr Mut grenzte oft an Tollkühnheit. Und das trotz ihres mädchenhaften Engelsgesichts mit den großen veilchenblauen Augen und dem goldblonden Haar, das ihr lang und seidig über die Schulter fiel.

»Jane, Kind, wie siehst du nur wieder aus!« klagte Betty, »dein Kleid beschmutzt, dein Haarband verloren!«

Der Vorwurf kam zu Recht, Janes weites, weißes Spitzenkleid trug allzu auffällig die Spuren der fröhlichen Balgerei mit den Hunden, und ihre Frisur hätte dringend Kamm und Bürste gebraucht. Dabei erwartete man jeden Augenblick die Ankunft Lady Ansons, die, seit kurzem verwitwet, beabsichtigte, nach ›Holkam Hall‹ überzusiedeln.

Tatsächlich schwankte eben eine hochbeladene Reisekutsche die Allee herauf und bog polternd in die Auffahrt ein. Der Kutscher zog die Leinen an und sein ›Brrr‹ rollte über die Rücken der vier stämmigen Pferde, bis diese endlich stampfend und dampfend stillstanden. Sogleich war einer der Diener am Schlag, um ihn zu öffnen. Als erstes entstieg dem Wagen ein Junge von etwa zwölf Jahren in einem feinen, braunen Reiseanzug. Er blieb unentschlossen neben dem Kutschschlag stehen, während vier weitere kleine Jungen herauskletterten und ebenfalls scheu verharrten. Dann erst erschien, unter Hut und Schleier noch trauerumflort, Lady Anson. Laut aufschluchzend warf sie sich Vater und Schwester in die Arme und betrat mit ihnen das Haus. Diener luden das Gepäck ab, die leere Kutsche fuhr zum Ausschirren ab. Niemand kümmerte sich um die Jungen, diese Häufchen trauriger, kleiner Gesellen. Nur Jane trat entschlossen auf sie zu.

»Wie heißt ihr?« fragte sie mit Neugier in den veilchenblauen Augen.

»Ich bin George«, sagte der Älteste und trat trotzig einen Schritt vor. Die anderen schwiegen verstockt.

»Könnt ihr reiten?« fragte Jane weiter und berührte damit den einzigen Punkt, an dem diese Verwandten aus der Stadt bei ihr Achtung und Wohlwollen erreichen konnten. Reiten, über die grünen Weiten der Grafschaft galoppieren, das galt ihr als das wichtigste im Leben.

»Meine Brüder sind noch zu klein«, antwortete wieder nur George, »ich aber würde es schon mit dir aufnehmen, denke ich...« Er maß die Cousine mit einem geringschätzigen Blick, und diese war sofort bereit, die Herausforderung anzunehmen.

»Man soll mir ›Orion‹ satteln«, rief sie einem Diener zu, »und für unseren Gast, Master George, den bunten Schecken!«

Nun galt es ein paar Minuten zu überbrücken, bis man ihnen die Pferde brachte.

Jane begann sofort zu prahlen.

»Mein Vater ist Admiral!« sagte sie und reckte das kleine Kinn empor.

Doch George ließ sich nicht aus der Ruhe bringen.

»Ich weiß, Onkel Digby ist ein tapferer Mann. Schon bei Trafalgar hat er sich verdient gemacht.«

»Oh, ja, und während der Kontinentalsperre hat er Getreide nach England geschmuggelt«, setzte Jane so stolz hinzu, als habe sie selbst die vollbeladene ›Aurora‹ ihres Vaters an den kanonenbestückten Schiffen der Franzosen vorbeigesteuert.

»Nun, seit Waterloo ist das zum Glück ja alles vorbei«, beendete George den politischen Disput, als auch schon zwei gesattelte Ponys herbeigeführt wurden. Ein kohlschwarzer Rapphengst trug einen Damensattel, in den Jane sich vom Diener hineinhelfen ließ und den weiten Rock ihres weißen Kleides darüber breitete. Derweilen trat der Schecke den George am Zügel hielt, unruhig hin und her.

»Nun, George, worauf wartest du noch?« rief Jane ihm auffordernd zu, doch bemerkte sie alsbald, daß George nicht etwa zögerte, sondern leise und beruhigend auf den Schecken einsprach, was dieser mit einem entspannten Prusten beantwortete. Dann erst streifte George ihm die Zügel über den Kopf und war mit einem Sprung im Sattel.

»Ich bin bereit, Jane«, sagte er und setzte ein Lächeln gegen das veilchenblaue Staunen der Cousine. Doch diese war schon auf und davon, die Allee hinunter, einen Feldweg hinauf, zwischen hohen Hecken dahin und über weite Wiesen und Weiden. George folgte ihr mit Bedacht und hatte sie dennoch bald eingeholt.

»Dort das Gatter, George!« rief Jane jetzt und setzte selbst zum Sprung an, George und der Schecke ohne Zögern hinterher. Ein Koppelzaun folgte, ein Steinwall und eine Böschung, Rappe und Schecke Schulter an Schulter, dann hügelan, immer steiler, bis der Weg plötzlich wie abgeschnitten ins Leere ging. Unter ihnen wogte und rollte die offene See.

»Aufgepaßt!« rief Jane und parierte ihr Pony auf den letzten Meter durch. George, des Geländes unkundig, tat es ihr nach, aber so heftig, daß der Schecke stieg. Vollkommen sicher blieb Georg im Sattel, beruhigte das Tier bis es lammfromm neben dem Rappen stehen blieb.

»Donnerwetter, du kannst reiten!« brachte Jane, selbst

noch außer Atem, im Ton höchster Bewunderung hervor.

Einen langen Augenblick sagten sie nichts. Ein Augenblick, in dem Janes Hochmut sich legte, da die Prüfung zwischen ihnen abgeschlossen, und in dem Spott und Argwohn sich zu einer Freundschaft wandelten, die durch lange Jahre des Erwachsenwerdens anhalten sollte.

»Laß uns umkehren«, sagte Jane endlich und lenkte ihren ›Orion‹ auf den Pfad zurück.

»Ja«, sagte George nur, »man wird uns schon vermissen.«

Als sie dann antrabte, hielt er sich dicht an ihrer Seite, den ganzen Weg nach Hause.

Die Fuchsjagd

Herbstzeit. Goldene Wälder, Stoppelfelder, Apfelbäume, schwer von Früchten. Ringsum auf den Gütern lud man zur Fuchsjagd, so auch auf ›Holkam Hall‹. Freunde und Nachbarn versammelten sich und boten das bunte, fröhliche Bild des Aufbruchs zur Jagd im roten Rock.

Man sah prächtige Pferde, gestutzt und gestriegelt, Rappen, Braune, Füchse, hochbeiniges Vollblut und borstenmähnige Ponys. Alles war aufgesessen, auch der Earl saß auf seinem stämmigen, dunkelbraunen Hunter. Eben begrüßte er seine Gäste, während Diener einen letzten Bügeltrunk reichten, als, verspätet, vom Wirtschaftshof her noch eine zierliche, nervöse Schimmelstute herangeführt wurde. Sie tänzelte und war kaum zu halten, ihre Rasse und Eleganz aber rief ein Raunen der Bewunderung hervor.

»Seht nur, die Stute! Das ist ein Pferd!«

»Hat aber ein schwieriges Temperament, wie es scheint.«

»Wer um Himmels willen soll die denn heute reiten?«

In diesem Augenblick erschien hastig – der Verspätung wegen – oben auf der Freitreppe eine schlanke Gestalt in grünem Reitrock, den niedrigen, lackschwarzen Zylinder tief auf dem Geflecht goldblonder Haare. Sehr schmale Schultern ließen die Taille des Mädchens zerbrechlich erscheinen, ihr ebenmäßig schönes Gesicht verriet große Jugend. Jane Digby, die dort oben stand, war auch erst sechzehn Jahre alt. Freundlich, aber bestimmt rief sie dem Reitknecht einen Befehl zu.

»Bring sie her zu mir, Ted, ich werde aufsitzen, das macht sie ruhiger.« Und dann zur Stute selbst zärtliche Worte: »Hooh, Cinderella, hoooh, ist ja gut, Cindy, mein Pferdchen ...«

Ted suchte dem Befehl zu gehorchen, aber es war ihm kaum möglich, die Stute nahe heranzuführen, schon gar nicht, seiner Herrin beim Aufsitzen behilflich zu sein.

Diese seine Pflicht wurde ihm von anderer Seite abgenommen.

»Komm, Jane, ich helf dir in den Sattel!« kam munter das Angebot von einem hochaufgeschossenen jungen Mann, goldblond wie Jane und mit ebensolchen veilchenblauen Augen. Bereitwillig hielt er ihr seine verschränkten Handflächen, einem Steigbügel gleich, zum Aufsitzen hin. Jane setzte ihren linken Fuß darauf und ließ sich federleicht in den Sattel heben.

»Danke, George«, sagte sie und nickte dem Vetter zu.

Plötzlich waren aller Augen auf die beiden gerichtet.

»Welch schönes Paar«, flüsterte man, »wie füreinander geschaffen!«

»Wieso Paar?« fragte Lord Derningham, der als schwerhörig galt. Dennoch war ihm das Flüstern nicht entgangen. »Wer ist füreinander wie geschaffen?«

»Nun, Derningham«, schrie Sir Randolph Warhope den Schwerhörigen an, »das weiß doch jeder! George und Jane sind so gut wie versprochen.«

»Ach was«, mischte sich Lady Gwendoline wieder flüsternd ein, »George und Jane, das ist eine Kinderfreundschaft, weiter nichts.« Lady Gwen saß auf einem schafsnasigen Dunkelbraunen und sah ihrem Pferd zum Verwechseln ähnlich. Sie ließ niemals auch nur eine Einladung aus und wußte alles über jedermann in der ganzen Grafschaft. »Ihr glaubt doch nicht, daß Lady Andover ihre Jane jemals diesem Habenichts von Anson geben würde! Überhaupt keinem Schwiegersohn ohne Vermögen würde sie sie geben. Wartet's nur ab! Ist Jane erst einmal bei Hofe vorgestellt, kommt sie auf den Heiratsmarkt, und der reichste Kandidat kriegt den Zuschlag, ganz gleich wie alt oder bucklig er ist. Ich kenn' doch Helen Andover!«

Niemand konnte darauf etwas zur Antwort geben, weder zu Lady Andovers Ehrenrettung, noch zu Janes Heiratschancen, denn die Meute wurde abgekoppelt, und der Master zog seine Kappe.

»Gute Jagd!« rief er, und in kurzem Galopp ging es auf die Strecke.

Nach drei Stunden und einem Fuchs, der sich listenreich seiner Verfolgung immer wieder entzog, zeigte Janes Schimmelstute erste Ermüdung. Georges Brauner hingegen war gehlustig wie am Morgen. Cousin und Cousine hatten wie stets Hecken und Gräben Seite an Seite genommen und blieben auch über weite Wiesenflächen dicht nebeneinander.

»Horch doch mal, George, die Meute bricht nach links aus«, rief Jane, »wir müssen dort drüben entlang!«

Deutlich war das Geläut der Meute aus angegebener Richtung zu hören, aber das Feld ritt weiter geradeaus.

»Komm, ich weiß eine Abkürzung«, schlug George vor und lenkte sein Pferd seitwärts in einen lichten Wald. Der Weg war hier nur schmal, George ritt voraus, Jane ein ganzes Stück hinter ihm. Jetzt war das erregte Bellen der Hunde noch besser zu hören und hier und da sah man das gefleckte Fell der Foxhounds durchs Gebüsch.

»George«, warnte Jane nach vorn, »daß wir nicht mitten in die Meute reiten. Wir wären das Gespött des Tages.«
George wandte sich im Sattel nach ihr um.
»Ach was, die sind noch weit voraus. Aber was ist mit deiner Stute? Bringst du sie nicht schneller vorwärts?«
»Sie ist müde«, sagte Jane.
»Dann nimm die Peitsche«, riet George, noch immer in Blickrichtung zu ihr hin.
Doch Jane spornte das Pferd mit aufmunternden Worten an. »Los, Cindy, du hast es bald geschafft, mein Pferdchen!« Trotz des scharfen Galopps beugte Jane sich tief über den Hals ihrer Stute und kraulte sie. Als sie sich wieder aufrichtete und geradeaus blickte, erkannte sie sofort die Gefahr.
»George! Paß auf! Ein Ast!«
Zu spät. Das Blattwerk tiefhängender Zweige rauschte auf, das Geräusch von Brechen und Splittern und gleich drauf ein dumpfer Fall. Der Ast, armstark und sperrig im Weg, hatte sekundenschnell den Reiter zu Boden gerissen, wo er bewußtlos liegenblieb. Sofort war auch Jane aus dem Sattel und kniete neben dem Vetter nieder.
»George! Um Himmels willen, George!« rief sie über sein lebloses Gesicht gebeugt.
Georges Brauner derweilen, im Rücken so unerwartet erleichtert, lief keilend und bockend den Weg voran, Cinderella, deren Zügel Jane im ersten Schrecken losgelassen, galoppierte ohne eine Spur von Müdigkeit dem Braunen hinterher.
Im Ungewissen, ob noch Leben in George war, beugte sich Jane angespannt horchend tiefer über ihn. Als sie seinen Atem wahrnahm, übermannte sie eine Erleichterung, die ihr heiße Tränen in die Augen trieb.

»George ...«, flüsterte sie und hätte seine farblosen Lippen geküßt, hätte sie nicht nahenden Hufschlag den Weg herauf vernommen. Es war Kenelm, ihr jüngster Bruder, auf einem Connemara-Pony.

»Was ist los?« fragte er.

»Ein Ast hat George aus dem Sattel gerissen. Hol du Hilfe, Ken! Jemand soll kommen, ein Arzt, ein Wagen! Schnell!«

Schon hatte Kenelm sein Pony gewendet und galoppierte zurück.

Jane, wieder allein mit George, der die Augen geschlossen hielt, hob vorsichtig seinen Kopf und bettete ihn in ihren Schoß.

»George, ach George ...« flüsterte sie immer wieder und tastete mit zwei Fingern über seine Wange. Ein ungekanntes Gefühl von Zärtlichkeit durchströmte sie und der Wunsch, diesem Gesicht noch näher zu sein. Sie kannte George nun schon so lange, war tagtäglich mit ihm zusammen, aber niemals hatte einer von beiden darüber nachgedacht, was es zu bedeuten habe, daß sie sich so gut verstanden und daß einer dem anderen so unentbehrlich schien. Jetzt aber, da sie einen bangen Augenblick lang geglaubt hatte, ihn zu verlieren, stellte sie sich die Frage: Liebe ich George? Und zu ihrem eigenen Erstaunen war die Antwort: Ja. Sie liebte diesen hübschen, großen Jungen, der so viele Jahre getreu an ihrer Seite gewesen, in Spiel und Ernst, und der ihr jetzt leblos und ohne Bewußtsein ausgeliefert war. Jetzt würde er sie nicht hören und nicht auslachen können wenn sie ihm von ihrer Entdeckung sprach. Und das gab ihr den Mut, zu reden.

»George«, sagte sie leise, »George, ich liebe dich ... schon lange ... ich wußte es nur nicht ... es tut richtig

weh, George, so viel Liebe ist es ... all die Zeit schon ...« Sie küßte ihn zart auf Wange, Stirn und Schläfe, und als ihre Lippen vorsichtig tastend die seinen berührten, sah sie, daß er die Augen geöffnet hatte und sie anblickte.
»Jane ...« hörte sie ihn heiser fragen, »Jane, was tust du ...?«
Ihre Lippen beantworteten seine Frage ohne Worte mit dem ersten Kuß, den sie einem Mann schenkten.

Dann waren plötzlich lauter Menschen um sie herum, die Mutter, die Tante, der Arzt, der Kutscher und Kenelm, der Cinderella eingefangen hatte. Jane war wie betäubt.
Fragen, Verhör, Vorwürfe, aber auch Trost und Zuspruch drangen kaum zu ihr durch. Dann endlich hatte man George auf den Wagen geladen und war abgefahren. Jane nahm Kenelm die Stute ab und saß diesmal ohne Hilfe auf. Sie nahm den direkten Weg nach Hause, langsam im Schritt und tief in Gedanken versunken. Daß Kenelm neben ihr ritt, bemerkte sie kaum, so ganz gab sie sich dem neuen Gefühl der Liebe hin.
Sie liebte das erste Mal in ihrem Leben und – darüber gab es bei ihr keinen Zweifel – wurde geliebt. Bilder ihrer langjährigen Gemeinsamkeit zogen an ihr vorüber, Verschwörungen des Alltags, zufällige Berührungen, scheue Verwirrung, deren Bedeutung sie bisher nie verstanden.
Und endlich wurde ihr auch der Sinn besorgten Flüsterns unter den Erwachsenen klar, wie es sich in letzter Zeit gehäuft hatte.
»Das alles hört jetzt auf!« triumphierte sie innerlich,

»George und ich lieben uns, wir werden heiraten, Kinder haben und mit ihnen glücklich und zufrieden auf ›Holkam Hall‹ leben! Wir müssen es nur noch den Erwachsenen mitteilen und sind für alle Zeit jeglicher Sorgen enthoben.«
Jane war so mit ihrem nun deutlich vor ihr liegenden Schicksal beschäftigt, daß sie kaum hinhörte, was Kenelm sagte. Erst seine letzten Worte ließen sie aufhorchen.
». . . kann sein, daß er schon eingetroffen ist . . . ein Vorreiter brachte die Nachricht . . .«
»Daß wer schon eingetroffen ist?« fragte Jane geistesabwesend.
»Nun, Vater natürlich. Bin schon gespannt, was er diesmal wieder mitgebracht hat. Immerhin war es sein erstes Kommando auf einem richtigen Dampfschiff . . .«
»Vater?« rief Jane überlaut und parierte ihr Pferd durch.
»Aber ja, wer denn sonst? Ich rede doch die ganze Zeit von ihm . . .«
»Du meinst, Vater kommt nach Hause, Kenelm? Heute? Jetzt?«
»Das sag ich doch. Einen Boten hat er geschickt, von Norwich her. Eben jetzt könnte er schon selbst . . .«
Der Vater! Wie ein Komet war er nur hin und wieder in ihrer Kindheit aufgetaucht, hatte dann aber jedesmal etwas ausgestrahlt, was ihrer Mutter nicht gegeben war. Wärme und Herzlichkeit. Von seinen Geschichten aus fernen Ländern, von Gefahren und Abenteuern, die er bestanden, hatte Jane nie genug hören können. Ja, wenn einer ihr Herz mit George teilen durfte, dann war es der Vater.

»Komm, Ken! Laß sehen, was dein Pony kann!« spornte sie ihren Bruder an und gab Cinderella die Sporen.
So flogen sie dahin ohne die Pferde zu schonen, bis endlich ›Holkam Hall‹ vor ihnen lag, die Allee, das Tor, der weite Platz, die Freitreppe – und da stand er in seiner etwas steifen Würde, Henry Digby, Admiral unterdessen Seiner Majestät George IV. von England.
»Vater!« Jane war aus dem Sattel gesprungen und dem Vater in die Arme gestürzt. »Vater!« Einen Augenblick hielt sie die Augen fest geschlossen und die Welt kam ihr reich und wundervoll vor. Nichts konnte geschehen, das ihr diesen inneren Reichtum nahm, gar nichts.
Und doch geschah es sehr bald.

London. Harley Street Nummer 78. An einem der Fenster des schmalbrüstigen Hauses stand Jane und blickte auf das Treiben der Straße hinunter. Kutschen, Kaleschen, Lastkarren, und auf den Gehsteigen feine Damen, feine Herren, aber auch Händler, Mägde, Zofen und raufende Buben, dazu ein Rufen und Lärmen, das bis zu Jane heraufdrang. Welch ein Szenenwechsel zu ihrem geliebten ›Holkham Hall‹! Wie plötzlich war er gekommen und was war seither alles geschehen! Nur undeutlich erinnerte sich Jane des einen schönen Morgens, an dem sie beim Frühstück nur Vater und Mutter vorgefunden hatte.

»Wo sind die anderen alle?« hatte sie harmlos gefragt.

»Abgereist«, war die lakonische Antwort der Mutter, »so konnte es ja schließlich nicht weitergehen! George ist immerhin ein erwachsener junger Mann, und er immer noch mit einem jungen Mädchen wie dir hier unter einem Dach! Hast du erwartet, wir, deine Eltern würden das weiterhin zulassen?«

Dann waren auch sie abgereist, hierher ins Stadthaus der Digbys. Jane erinnerte sich nur schemenhaft an ihren ersten großen Ball in Carlton House, an ihre Präsentation bei Hof, die lange Reihe weiß gekleideter Debütantinnen, von denen sie eine gewesen war. Vor Aufregung war ihr der Hofknicks nicht gelungen, die Mutter hatte sie einen Bauerntölpel geheißen und ihr Benehmen linkisch und ungehobelt gescholten.

»Wann lernst du endlich, dich wie eine junge Dame aufzuführen?«

Doch zwei graue Augen im Gesicht eines Mannes verfolgten sie unablässig, und dieser Mann hatte die junge Debütantin weder tölpelhaft noch linkisch gefunden, viel eher reizvoll und von großer Anmut.
»Superb, einfach superb«, murmelte er, »sie gleicht einem frisch gebrochenen Blütenzweig ...« Und von da an war er fest entschlossen, dieses Mädchen nicht mehr aus seinen kühlen grauen Augen zu lassen.

Und dann war ein Diener in der Harley Street Nummer 78 erschienen und hatte eine goldumrandete Einladung überreicht.

Edward Law Earl of Ellenborough
gibt sich die Ehre, zu seiner Soiree
in Roehampton House einzuladen ...

Jane, die Stirn gegen die kühle Fensterscheibe gelehnt, starrte noch immer auf das lebhafte Treiben der Harley Street hinunter, als die Tür sich öffnete und Betty sie aus ihren Gedanken riß.
»Jane, mein Liebling, bis du immer noch nicht umgezogen? Es wird allerhöchste Zeit!«
Betty hatte es sich nicht nehmen lassen, mit nach London zu kommen, um auch dort liebevoll und warmen Herzens über ihr Kücken zu wachen. Jetzt nahm sie das Kleid auf, das ausgebreitet auf dem Bett bereit lag.
»Rasch, Kindchen, rasch! Mylady wartet schon voller Ungeduld unten in der Halle!«
Mit Bettys Hilfe wurde dann in wenigen Minuten aus Jane die bezauberndste Erscheinung in Hellblau und Silber, das Haar zu goldschimmernder Krone geflochten und aufgesteckt. Lady Andover empfing ihre Tochter mit einem Seufzer der Erleichterung.

»Endlich, Jane! Wir wollen doch nicht ausgerechnet bei der Soiree im Hause Lord Ellenboroughs zu spät kommen, nur weil du wieder einmal herumtrödelst!« tadelte sie.

Worum es der Mutter wirklich ging, verriet sie mit keiner Silbe. Der Lord war alles, was Lady Andover sich in ihren kühnsten Träumen für Jane nur wünschen konnte. Er gehörte dem Hochadel an, war intelligent und ehrgeizig – man sprach davon, daß er demnächst gar Vizekönig von Indien werden solle – vor allem aber war er unermeßlich reich, kurz er war zur Zeit die begehrenswerteste Partie Londons. Zwar gab es da ein paar Schönheitsfehler wie zum Beispiel sein Ruf als zynischer Lebemann, einige Schatten auf seiner Vergangenheit wie auch das Gerücht über gewisse lasterhafte Neigungen. Sein distinguiertes Aussehen aber, sein schmales Gesicht mit der hohen Stirn und den etwas schläfrig wirkenden Augen, wie auch seine vollendeten Umgangsformen könnten allemal ein Ausgleich sein und manches diskret bemänteln. Mit Ende Dreißig war er natürlich nicht mehr ganz jung, jedenfalls nicht für ein siebzehnjähriges unerfahrenes Mädchen wie Jane. Die Tatsache gar, daß er schon zweimal verwitwet war, beflügelte Lady Andovers Überlegungen nur, denn beide Ehen waren kinderlos geblieben und so würde es einer dritten jungen und gesunden Ehefrau vorbehalten sein, Lord Ellenborough den ersehnten Erben zu schenken.

»Miß Jane Elizabeth Digby«, vermeldete der Majordomus mit angehobener Stimme, nachdem er die Eltern bereits ausgerufen hatte. Jane verharrte einen Augenblick zwischen Vater und Mutter in der weit offen-

stehenden Tür, ehe sie den hellerleuchteten Ballsaal von Roehampton House betrat.
Sie waren tatsächlich ein wenig verspätet, der Tanz war bereits in vollem Gang. Doch da ereignete sich, was niemand erwartet und was wie ein Lauffeuer von Mund zu Mund ging: Lord Ellenborough, der Hausherr, in scheinbar erregter Erwartung, ging mit ausgebreiteten Armen auf seine späten Gäste zu. Nachdem er den Admiral flüchtig begrüßt und sich vor Lady Andover kurz verbeugt hatte, führte er Jane in die Mitte des Saales, wo man ihm ehrfürchtig Platz machte. Alle Blicke waren auf Jane gerichtet, bewundernde wie neiderfüllte. Die Musik setzte erneut ein zu jenem beschwingten Tanz, der eben in Mode kam, dem Walzer. Leichtfüßig schwebte Jane im Dreivierteltakt dahin, den Blick zu Boden gesenkt, denn noch wagte sie nicht, in die kühl abschätzenden Augen des Mannes zu blicken, dessen Absicht nun so offenkundig geworden war.

»Wir haben mit dir zu reden, Jane«, erklärte Lady Andover wenige Tage später, »setz dich und hör zu!«
Jane fühlte sich unbehaglich wie jedes Mal, wenn ihre Mutter unerwartetes Interesse an ihr nahm. Doch sie gehorchte und setzte sich.
»Lord Ellenborough hat um deine Hand angehalten, mein Kind, und wir erwarten von dir, daß du dir dieser großen Ehre bewußt bist.«
»Ehre, Mama . . . ?« Jane brauchte einen Moment, um zu begreifen, »Ehre .. das mag schon sein, aber ich kenne ihn doch kaum und . . . und . . . Mama, ich liebe ihn nicht . . .«
Die kurze Auflehnung, die Jane sich erlaubte, war nur

ein schwaches Echo des Schreckens, den die Worte der Mutter jetzt in ihr hervorriefen.
Lady Andover korrigierte ihre Tochter sofort.
»Mein liebes Kind! Seit wann hat die Ehe etwas mit Liebe zu tun? Eine so vorteilhafte Partie wird dir nicht ein zweites Mal geboten!«
Ein hilfesuchender Blick zu ihrem Vater hin schien Jane die letzte Rettung in der Not. Doch der Admiral saß teilnahmslos da und blickte in die Flammen des Kaminfeuers.
»Dad«, sagte Jane, und ihre Stimme vibrierte ein wenig, »Dad, ist es auch deine Meinung, daß ich ...?«
Admiral Digby schien nur ungern seinen Blick von den Flammen zu nehmen.
»Nun, Jane, Kleines, deine Mutter meint, es ist das beste für dich. Und deine Mutter weiß wohl immer das Richtige, denke ich.«
Jane sagte eine Weile nichts. In ihrem Inneren war ein einziger Hilferuf. George, rief es, George! Warum war er nicht da, dies alles abzuwenden?
Warum verstand denn niemand, daß sie nur George heiraten konnte? Nur ihn liebte sie, niemand anderen. Sie hatte sich das so einfach gedacht mit der Liebe als selbstverständliche Voraussetzung zur Ehe und hatte geglaubt, jeder würde so denken. Und nun war sie auf unverständliche Weise der Welt der Erwachsenen ausgeliefert, die alles so anders sahen. Jane fühlte ihre Seele wie von einer Riesenfaust zusammengepreßt, Tränen stiegen unsichtbar in ihr auf, und wie ein gefangenes Tier sah sie keinen Ausweg mehr. Ganz plötzlich gab sie nach.
»Wenn ihr es wünscht, werde ich diesen Lord Ellenborough heiraten«, sagte sie.

»Nun, ich wußte, daß du vernünftig sein wirst«, lobte ihre Mutter mit leisem Triumph in der Stimme. Der Admiral zog nur an seiner Pfeife und starrte weiter in die Flammen.

Die Hochzeitsreise des frisch vermählten Paares ging nach Brighton, wo Lord Ellenborough im ›Hotel Norfolk‹ eine ganze Suite gemietet hatte. Eine seiner Bedingungen war, daß anstelle der vertrauten, altgewohnten Betty nur Personal und Dienerschaft aus seinem Haushalt sie begleiten durften. So war für Jane alles Fremde noch fremder und die Furcht noch größer, als nach Ankunft und üppigem Nachtmahl im vornehmen ›Norfolk‹ sie in ihrem Zimmer eine Zofe erwartete, die sie noch nie gesehen hatte. Es war ein dunkelhaariges hübsches Ding mit wissendem Blick und geschmeidigen Bewegungen wie die einer Katze auf Mäusefang.
»Haben Mylady noch weitere Befehle?« fragte sie mit einem auffallend harten Akzent, als Jane entkleidet, nur angetan mit einem rosenbestickten Hochzeitshemd, im riesigen Himmelbett thronte.
»Nein, danke, nichts mehr ... doch sag Sie mir noch ihren Namen!«
»Finette heiße ich, Mylady, und bin aus Frankreich.« Das erklärte ihren harten Akzent, aber nicht, warum sie ein kehliges Lachen ausstieß und noch immer gurrend lachte als sie schon an der Tür war. »Ich wünsche Mylady eine angenehme Nacht!« sagte Finette noch und es klang wie blanker Hohn. Jane war froh, als das Mädchen gegangen war. Was jetzt auf sie zukam, ahnte sie mehr als daß sie es wußte. Sie war auf dem Land aufgewachsen und wußte, was Hengste taten, damit

Stuten Fohlen zur Welt bringen konnten. Jane wußte, daß Ehefrauen sich dem zu fügen hatten und sie war dazu entschlossen, doch einen Schauder des Widerwillens konnte sie nicht unterdrücken, als plötzlich die Tür vom Nebenzimmer aufgestoßen wurde und die hagere Gestalt Lord Ellenboroughs an ihrem Bett stand. Was jetzt folgte, war das kurze hoffnungslose Intermezzo beiderseitigen Versagens. Jane, anfangs gefügig, war abgestoßen vom Dunst scharfer Getränke, mit denen er sich Mut gemacht hatte, und er stellte halb zornig, halb flehend fest, daß ein junges unerfahrenes Mädchen das letzte war, das ihm Erfüllung bringen konnte.

»Verdammte kleine Puritanerin«, hörte sie ihn fluchen und hatte keine Ahnung, was er damit meinte. So plötzlich wie er gekommen war, verließ er sie dann wieder durch die Tür zum Nebenzimmer. Und im kurzen Moment, den diese offenstand, hörte sie von dort das kehlige gurrende Lachen ihrer neuen Zofe Finette.

Unbeweglich lag Jane da und starrte lange noch ins Dunkel. Sie fühlte sich so einsam und alleingelassen wie nie zuvor. Sie war jetzt Lady Jane Ellenborough, eine verheiratete Frau. Bedeutete das für sie von nun an ein ganzes langes Leben ohne Liebe?

»Einen schönen guten Morgen, Mylady!« Betty, die Vertraute aus Kindertagen, zog die Vorhänge zurück und ließ späte Herbstsonne herein. »Darf ich Mylady das Frühstück bringen?«

»Nicht Mylady! Ich will es nicht hören! Nicht von dir, Betty.« Jane blinzelte und rieb sich den Schlaf aus den Augen. Sie sah rührend jung aus, wie sie dort in den seidenen Kissen lehnte.

»Die Anrede steht Eurer Ladyschaft jetzt zu. Das ist nun mal so«, stellte Betty ein wenig eigensinnig fest.

»Willst du mich kränken, Betty? Mein ganzes Leben war ich für dich Jane, Liebling oder einfach dein Kind. Soll sich das nun ändern, nur weil ich einen Mann geheiratet habe, der ...« Plötzlich standen Tränen in den sonst so strahlenden veilchenblauen Augen.

Betty beeilte sich, ihre Jane, ihren Liebling, ja ihr Kind in die mütterlichen Arme zu nehmen.

»Nichts hat sich geändert, gar nichts, Jane, mein Herz!« Und da die Tränen jetzt doch reichlich flossen, erkundigte sie sich voller Mitgefühl: »Ist es denn so schlimm, Liebes, mit einem Mann verheiratet zu sein? War er nicht ein bißchen lieb zu dir?«

Lord und Lady Ellenborough waren erst den Abend zuvor von der Hochzeitsreise nach Brighton wiedergekommen, und Betty hatte schnellstens die neue Zofe Finette verdrängt und wieder ihre altgewohnten Pflichten übernommen. Finette ließ sich das gern gefallen, denn ihre Aufgaben im Hause Ellenborough schienen ohnehin anderer Art zu sein.

»Ach, Betty ...« schluchzte Jane, die wirklich nicht den Eindruck einer glücklich aus den Flitterwochen heimgekehrten jungen Frau machte, »es war schrecklich, Betty! Er wurde richtig böse auf mich in jener Nacht und verließ mich im Zorn .. und seitdem .. war gar nichts. Absolut gar nichts.« Sie hielt inne und wischte sich entschlossen eine letzte Träne aus den Augen. »Er liebt mich eben nicht. Damit muß ich mich abfinden.«

»Du mußt Geduld haben, Jane, Liebling, am Anfang einer Ehe gibt es oft Mißverständnisse ...« versuchte Betty zu vermitteln, aber Jane setzte sich trotzig auf und ihre Stimme klang sehr bestimmt.

»Ich liebe ihn ja auch nicht. Er ist mir widerlich! Er ist alt und verderbt. Ich ekle mich vor ihm.«

Damit schien Jane ein für alle Mal ihren Standpunkt innerhalb dieser Ehe festgelegt zu haben. Und gerechtermaßen mußte man ihn ihr zugestehen. Die Verbindung mit Lord Ellenborough, einem mehr als doppelt so alten Mann, war Jane aufgezwungen worden, während ihr Herz, noch voll ungetrübter Illusion, einem anderen gehörte. Die Sache war verfahren von Anfang an und Jane geneigt, einen Strich darunter zu ziehen.

Betty jedoch, klug und erfahren, suchte vorsichtig auch dem Lord gerecht zu werden.

»Urteile nicht zu hart, Jane, Liebling«, mahnte sie »auf seine karge Weise liebt er dich schon, dein Mann, aber es ist nicht leicht für Seine Lordschaft, sich in ein so junges und unerfahrenes Mädchen, wie du es bist, hineinzudenken. Das macht ihn kopfscheu und abweisend.«

Betty hatte recht. Ellenborough, der jedes Mädchen im Königreich hätte heiraten können, liebte Jane mit dem letzten Rest einer abgelebten Seele. Eingedenk des Desasters in der Hochzeitsnacht mied er zwar ihr Schlafzimmer, gab sich am Tage streng aber höflich, war aber dennoch um Fairneß innerhalb ihres ehelichen Bundes bemüht. Ihr so wenig wie möglich Vorschriften zu machen, erschien ihm als der Stein der Weisen, und so ließ er ihr in den kommenden Monaten alle Freiheit, an den geselligen Vergnügungen teilzunehmen, die das vornehme London der zwanziger Jahre nur bieten konnte.

»Es gibt ein neues Ballett in der Stadt, meine Liebe! Ich lasse anspannen und dich hinfahren.«

Jane fühlte, daß ihr Mann diese Angebote freundlich meinte, aber auch, daß er hinter dieser Art von Freundlichkeit jeden Versuch, eine Brücke zu schlagen aufgegeben hatte.

»Willst du nicht mitkommen, Edward?« fragte sie dennoch jedes Mal, schon wissend, wie die Antwort ausfiel.

»Tut mir leid, ich habe noch zu arbeiten«, oder wenn eine der zahlreichen Einladungen zu einem Ausflug oder gar einem Wochenende auf dem Land eingingen: »Geh du nur und amüsiere dich mit jungen Leuten deines Alters!«

Eine Zeitlang schwankte Jane zwischen Fairneß und Mitleid, dann aber ging eine Wandlung in ihrem Innern vor sich.

»Er will es nicht anders haben«, sagte sie sich trotzig. Als behütete Tochter und gehorsame Gattin war sie gescheitert, so schloß sie, also begab sie sich nun auf die Suche nach einer eigenen Perspektive, bei der nach ihrem Willen Ehrlichkeit, Offenheit und Wahrheit des Herzens stets die Richtschnur bleiben sollten.

Im London des ersten Viertels des neunzehnten Jahrhunderts unter Georg IV. machte es ein fast ungebändigtes Dandytum leicht, sich in einen Taumel von Kurzweil und Zeitvertreib zu stürzen. Bald war es bekannt, daß man die junge, schöne Lady Ellenborough auch ohne ihren griesgrämigen Mann einladen durfte, und man erfreute sich nur zu gern auf Bällen und bei offiziellen Diners der Vollkommenheit ihrer Erscheinung, im kleinen Kreis aber ihres liebenswerten Charmes und geistreichen Witzes. Jane wurde zur ungekrönten Königin der Londoner Saison.

Ein Wiedersehen

Madame de Lieven, Gattin des russischen Botschafters, und, wie jeder wußte, dem Fürsten Metternich eng vertraut, gab ihren Neujahrs-Ball. Das gewohnte Bild strahlender Kronleuchter über den Köpfen prächtig gekleideter Damen und Herren, dazu immer wieder neu und überraschend der Auftritt Lady Ellenboroughs. Dem letzten Schrei der Mode entsprechend zeigte ihr Ballkleid Wespentaille und tief angesetzte Weite der Ärmel und als Kopfputz die Andeutung eines federgeschmückten Turbans.
Jane war mit ihren nunmehr zwanzig Jahren noch schöner geworden, und betrat sie die Ballsäle auch stets allein und ohne Begleitung, so blieb sie es niemals länger als für einen ersten Augenblick. Sofort umringte sie die Herrenwelt jeden Alters und tanzend wechselte sie von Arm zu Arm.

Die Musik machte eben eine Pause, als ein hochgewachsener junger Mann auf sie zutrat und ihre Aufmerksamkeit auf sich lenkte.
»Würdest du den nächsten Tanz mit mir tanzen, chère cousine?«
»George!« rief Jane und fühlte, wie ihr Herz einen Satz tat. »Mein Gott, George ...« Weiter kam sie nicht, denn die Musik klang erneut auf, und George legte seinen Arm um sie. Seine Nähe und all die Fragen, die sie ihm stellen wollte, nahmen ihr fast den Atem, nicht ein Wort brachte sie heraus. George war es dann, der zuerst sprach.

»Du bist ja erwachsen geworden, Jane«, sagte er und lächelte auf sie herab.
»Wo warst du nur die ganze Zeit, George?« fragte sie nun doch mit leisem Vorwurf.
»Ich war bei den Life Guards«, gab George Auskunft und seine veilchenblauen Augen blitzten.
»Du warst Soldat?«
»Und bin es noch, nahm aber auf ein Jahr Urlaub. Der Zweck meiner Dienstzeit schien mir ohnehin verfehlt.« Plötzlich war das Lächeln aus seinem Gesicht verschwunden.
»Der Zweck? Welch einen Zweck sollte es haben?« wollte Jane weiter wissen.
»Auf andere Gedanken zu kommen, jedenfalls was dich anbelangt.«
Jane fühlte ihre Wangen heiß erröten. Er hatte sie also ebenso wenig vergessen können wie sie ihn. Drei lange Jahre hatten nichts bewirkt. Und nun war er hier. Sie tanzten den Tanz zu Ende und auch den nächsten und den übernächsten. Sie tanzten bis zum frühen Morgen, nur sie beide, als sei alle Welt um sie her versunken. Und erst als die meisten schon gegangen waren, lösten sie sich voneinander.
»Komm«, sagte George, »ich bring' dich nach Hause.«
Jane nickte, und George rief eine Mietkutsche, denn in einer kalten Winternacht wie dieser ließ Lady Ellenborough niemals Pferd und Wagen warten. So saß sie in ihren wertvollen Silberfuchs gehüllt auf abgewetztem Polster neben George und lauschte dem Knirschen der Räder im Schnee.
»Jetzt wird alles anders werden, Jane!« sagte der Vetter in die Stille hinein. »Du wirst sehen . . .«
Jane war klug genug, zu wissen, daß sie die Unschuld

der ersten großen Liebe nicht mehr zurückholen konnte.
»Nichts wird anders, George, gar nichts ...« Trotz ihrer so überzeugt klingenden Worte lehnte sie sich sanft gegen ihn und spürte einen süßen Schauer, als sein Arm sie näher zog.
»Aber wieso, Jane? Du liebst mich doch! Auf keinen Fall werd' ich dich diesem alten mürrischen Lord lassen!« Er wartete diesmal ihre Antwort nicht ab, sondern suchte begierig und ungeduldig ihren Mund. Sie ließ sich küssen und bemerkte sehr wohl, daß es nicht mehr die naiven Küsse von vor drei Jahren waren. Auch George war erwachsen geworden. Erst nach einer Weile machte sie sich von ihm frei, um doch noch Antwort zu geben.
»Ja, George, ich liebe dich noch immer. Aber dieser alte mürrische Lord, wie du ihn nennst, ist mein Mann und ist es auch wieder nicht. Er setzt sein ganzes Vertrauen in mich, George. Ich werde ihn nicht enttäuschen.«
»Vertrauen, Vertrauen!« fuhr George unwillig auf, »was zum Teufel ist das für ein Vertrauen?«
Jane wollte auch heftig antworten, aber zu ihrem Schrecken wußte sie nicht, wie. Ja, worauf beruhte dies Vertrauen, etwa darauf, niemandem zu verraten, daß Edward Lord Ellenborough nicht imstande war, die Ehe zu vollziehen? War der Preis, um den dieses Geheimnis zu hüten war, nicht zu hoch? Sie, Jane, würde ohne Liebe leben und er, Ellenborough, niemals einen Erben haben.
Kurz vor der imposanten Auffahrt von Roehampton House hatte George seine gute Laune wiedergefunden. Es war ihm klar geworden, daß er den Sieg zu rasch erwartet hatte.

»Nichts für ungut, Cousinchen! Behalte deinen Lord, aber komm morgen mit auf die Schlittenfahrt, die Captain Grenville veranstaltet. Es wird viel Spaß geben. Ich hol' dich zu Mittag ab.« Er küßte sie nochmals leicht auf die Lippen, und winkte dem Mietkutscher, sobald die schwere Tür des Palais sich hinter Lady Ellenborough geschlossen hatte.

Drinnen in der Halle von Roehampton House mischte sich der rötliche Schein eines herabgebrannten Kerzenleuchters mit erstem Tageslicht, das durch die Fenster drang. Jane durchquerte mit müdem Schritt die Halle, den wertvollen Silberfuchs hinter sich herschleifend. Da bemerkte sie, daß sie nicht allein war. Aus einem der hochlehnigen Sessel erhob sich Lord Ellenborough.

»Nun, meine Liebe, hast du dich gut amüsiert?«

War er die ganze Nacht aufgeblieben, um sich jetzt mit ihr anzulegen? Sollte sich endlich in seiner Brust doch noch so etwas Menschliches wie Eifersucht regen?

»Ja, danke, es war ein amüsanter Abend«, sagte Jane und war nicht darauf gefaßt, was jetzt kam.

»Dein Vetter George ist wieder aufgetaucht, nicht wahr?«

»Ja«, sagte Jane, denn es gab darüber nicht mehr zu sagen. Im Dunkeln konnte sie Edwards Gesichtszüge nicht erkennen, daher erschrak sie, wie haßerfüllt seine nächsten Worte klangen.

»Ich möchte nicht, daß du ihn wiedersiehst«, sagte Ellenborough mit einem gefährlichen Vibrieren im Ton.

Jane ahnte, was in ihm vorging. George Anson war der einzige Mann, den er wirklich fürchten mußte. Bemüht, auch die andere Seite des Konflikts zu sehen, war Janes erster Impuls, ihren Mann zu beruhigen.

»Du brauchst dich nicht zu sorgen, Edward! Es ist nichts weiter als ein Wiedersehen zwischen Verwandten. George holt mich übrigens morgen ab zu der Schlittenpartie bei Captain Grenville und seinen Freunden . . .«

»Du hast mich nicht verstanden,« schrie Ellenborough mit plötzlich sich überschlagender Stimme, »ich verbiete es dir!«

Unbeherrscht hob er die Hand, als wolle er sie schlagen. Das hätte er nicht tun sollen. Wenn er seine Frau je unwiederbringlich verloren hatte, so war es in diesem Augenblick. Er spürte es wohl selbst und ließ daher mitten in der Bewegung seine Hand sinken. Für Janes inneren Wandel kam diese Einsicht zu spät. Niemals hatte ein Mensch sie bedroht oder die Hand gegen sie erhoben. Was immer ein Mensch von Jane gefordert und erhalten hatte, war durch Einsicht und guten Willen von ihrer Seite erfolgt. So und nur so funktionierte der Mechanismus ihres freimütigen Charakters. Und in diesem Moment hatte Ellenborough diesen Mechanismus außer Funktion gesetzt. Jane trat einen Schritt zurück.

»Bedaure«, sagte sie, »ich bedaure sehr, aber ich werde an dieser Schlittenfahrt teilnehmen.«

Dann hob sie den Silberfuchs auf, legte ihn sich um die Schulter und stieg die Treppe hinauf in ihr Zimmer.

Der Schlittenfahrt anderntags folgten weitere und als der Schnee geschmolzen, stattdessen Frühling über der Stadt lag, besorgte George Pferde und ritt mit Jane jeden Morgen im Hyde Park, Seite an Seite wie in alten Tagen. Undenkbar jetzt, Lady Ellenborough ohne Lord Anson einzuladen! Auch daran gewöhnte sich die Londoner Gesellschaft bald und jeden Abend sah man Jane und George unzertrennlich beieinander.

»So geht das nicht weiter!« fauchte Lady Andover als sie in Janes Salon in Roehampton House stürmte. Nur selten kam Janes Mutter von der Harley Street herüber, aber heute schien es ihr dringend geboten. »Wie stellst du dir das nur vor, Jane? Du und George! Ihr seid schon wieder im Gerede! Ein Skandal ist das!« Lady Andover mußte vor lauter Empörung nach Luft schnappen. »Darf ich dich daran erinnern, meine liebe Tochter, daß du eine verheiratete Frau bist!«

»Eine verheiratete Frau, Mama? Daß ich nicht lache! Diesen sogenannten Ehemann bekomme ich so gut wie nie mehr zu Gesicht. Entweder schreibt er an seinen Memoiren oder blättert nächtelang in alten Schriften indischer Kulturen. Es ist schon viel , wenn er sich einmal herabläßt, den Lunch mit mir einzunehmen. Glaub mir Mama, ginge ich nicht ab und an aus, ich lebte in Roehampton House wie eine Gefangene!«

Die Mutter horchte auf. Hatte sie die Lage doch falsch eingeschätzt? Nun wollte sie auch den zweiten Punkt klären, der ihr Sorge machte.

»Ist es also wahr, daß du und dein Mann getrennte

Schlafzimmer bezogen haben? Man redet auch darüber schon in der ganzen Stadt.«

»Wir hatten niemals ein gemeinsames Schlafzimmer«, berichtigte Jane, »und damit du gleich alles weißt, Mama, er hat das meine nie betreten!«

Niedergeschlagen von der Wahrheit ihres Verdachts, schlug Lady Andover einen weit milderen Ton an.

»Liebes Kind, das ist natürlich nicht gerade der Sinn einer Ehe, die Familie erwartet immerhin einen Erben von dir.«

»Ich kann doch nichts dafür! Was soll ich denn dazu tun?« setzte sich Jane endlich zur Wehr. »Edward meidet mich ... und ... und ...« Wie konnte sie der Mutter nur erklären, was in der Hochzeitsnacht geschehen war? »Mama, er ist ein alter Mann!« kam es dann wie ein Aufschrei von Jane. Lady Andover schien zu verstehen. Eine wahrhaft verfahrene Situation, an der sie selbst nicht ganz ohne Schuld war.

»Ach, Jane, Liebes ... ich wußte ja gar nicht ...«

In einer seltenen Aufwallung mütterlichen Gefühls legte Lady Andover ihrer Tochter einen Arm um die Schulter. Dann schien sie zu einem Entschluß gekommen zu sein. »Sag, Kind, willst du vielleicht ein paar Wochen nach Holkham Hall zu Großvater? Du weißt, er hat wieder geheiratet, Anne Keppel, eine ganz junge Frau, kaum älter als du bist. Ich denke, ihr beide werdet euch gut verstehen.«

Sehnsucht und Erinnerung überfielen Jane gleichermaßen schmerzlich. Wie oft hatte sie sich aus dem großen düsteren Londoner Haus zurückgewünscht nach Holkham Hall, zurück in den freundlichen Rahmen ihrer Kindheit.

»Oh, Mama, das wäre herrlich!« rief sie jetzt aus und

Lady Andover erschrak fast über die Inbrunst des Ausrufs. »Nun gut«, sagte sie wieder recht nüchtern, »ich werde also mit Lord Ellenborough darüber sprechen.«

Bereits eine Woche später schwankte die vierspännige Kutsche mit dem Ellenboroughschen Wappen am Schlag, hochbeladen über die grünen Hügel von Suffolk der Grafschaft Norfolk entgegen. Jane blickte sehnsüchtig unter dem Rand ihres riesigen Reisehuts hervor über die Landschaft. Hier und da schien ihr ein Dorf vertraut, kannte sie eines der einzeln liegenden Cottages, und dann sah sie es liegen unter Ulmen und Eiben, grau und behäbig, ihr geliebtes ›Holkham Hall‹. Der Wagen bog in die vertraute Allee ein, der Kutscher knallte noch einmal laut mit der Peitsche und schon erklang sein langgezogenes ›brr‹, mit dem er die Pferde zum Stehen brachte.

»Willkommen, willkommen zu Hause!« dröhnte der Earl of Leicester zur Begrüßung seiner Enkelin auf das herzlichste. Und dann auf eine kleine, zierliche Gestalt neben sich deutend: »Das ist Anne, deine neue Großmutter!«

Mit einem Blick auf die neue Herrin von ›Holkham Hall‹, auf das jugendliche Gesicht unter einem Wust dunkler Locken, brach Jane in ein Lachen aus, in das Anne fröhlich mit einstimmte.

»Eine Großmutter stelle ich mir wahrhaftig anders vor!« rief Jane.

»Und ich mir Lady Jane, die würdige Frau des Lordsiegelbewahrers Seiner Majestät und vielleicht baldigen Vizekönigs von Indien!« konterte Anne und beide Frauen umarmten sich. Mit ihrer Bemerkung hatte Anne auf die Stellung, die Lord Ellenborough tatsächlich unterdessen innehatte und die Zielsetzung seiner Karriere hingewiesen. Vor allem letzteres erfüllte Jane schon seit längerem mit Besorgnis. Das Leben in fernen Landen hätte sie zwar gereizt, aber der Abschied von England schreckte sie.

»Vizekönig von Indien!« seufzte Jane und setzte spottend hinzu: »Noch ist es lange nicht so weit, und dennoch sitzt Edward bereits über seinen Memoiren.«

Unterdessen war drinnen in der wohnlichen Halle der Tee serviert worden. Anne selbst schenkte ihn aus bauchiger Silberkanne ein, während der Großvater sich schon ein Glas Port genehmigte und der schwarze ›Lion‹ nach stürmischer Begrüßung seinen Kopf in Janes Schoß drückte. Seine Gefährtin ›Bess‹ war ihm letztes Jahr in den Hundehimmel vorangegangen.

Jane nahm den ersten Schluck heißen guten Tees und sah sich mit heimlichem Glücksgefühl um. Sie war zu Hause. Das sagten ihr die knarrenden Sessel, der alte Schrank mit den Jagdgewehren, die chinesische Vase auf dem Kaminsims, die Tanzmasken und der tibetanische Buddha, all das scheußliche Zeug, das Vater von seinen vielen Reisen mitgebracht hatte.

Alles war wie früher, stellte Jane erleichtert fest. Da öffnete sich die Tür von der Bibliothek her und ein junger Mann trat ein. Er entschuldigte sich verlegen für die Verspätung, blieb aber unschlüssig neben dem Teetisch stehen.

»Oh, ich vergaß dir zu sagen, daß wir noch einen Gast haben«, erklärte Anne und stellte ihrer Stiefenkelin den jungen Mann vor. »Frederick Madden. Mister Madden ist beauftragt, einen Literatur-Katalog für das Britische Museum zusammenzustellen und gräbt dazu in unserer Bibliothek nach seltenen Schätzen.«

»Wie interessant!« konstatierte Jane und schickte dem jungen Madden nach kurzer Prüfung ein Lächeln des Wohlwollens entgegen. »Da werden Sie manch Bemerkenswertes bei uns finden, Mister Madden! Erstausgaben von Richardson und Fielding. Aber auch Kostbarkeiten wie eine Shakespeare-Ausgabe von 1680.«

Der junge Madden, von Natur aus schüchtern, errötete bis an die Haarwurzeln. Die Ansprache der jungen, und wie er trotz seiner Schüchternheit feststellte, schönen Lady hatte ihn völlig aus dem Gleis gebracht.

»Oh Mylady, besten Dank für den Hinweis, Mylady ...«

»Lady Jane genügt«, lächelte Jane noch immer und reichte Madden von den kleinen Apfelkuchen. »Ich werde Sie einmal in der Bibliothek aufstöbern und mir einen Band Byron ausleihen, Mister Madden!«

Frederick Madden nahm einen Apfelkuchen und legte ihn so ungeschickt auf seinen Teller, daß ein paar Krümel danebenfielen.

»Oh, das macht ja nichts«, tröstete Jane und half, die Krümel vom Tischtuch zu sammeln.

Vielleicht war es gerade die Ungeschicklichkeit, diese so offenbare Hilflosigkeit des jungen Mannes, die Jane vom Fleck weg bezauberte. Er stand damit so ganz im Gegensatz zur großspurigen Selbstsicherheit der Londoner Dandys. Dieser Madden in seinem einfachen tabakfarbenen Rock zu den engen safrangelben Hosen, der versehentlich schief gebundenen Kragenschleife, rührte Jane unerklärlich an, und plötzlich dachte sie: er hat etwas Zärtliches an sich, etwas aus tiefster Seele Verströmendes, etwas, das ihr bei Männern bisher nicht begegnet war.

»Sie lieben Byrons Verse, Mylady ... ich meine Lady Jane?«, nahm Madden unterdessen das Gespräch etwas linkisch wieder auf.
Jane liebte nicht nur Byrons Verse über alle Maßen, sondern auch der unglückliche schöne Dichter selbst, der vor drei Jahren so heldenhaft sein Leben für Griechenlands Freiheit gelassen hatte, erregte seit langem ihre romantische Phantasie. Auf Maddens Frage verklärte sich ihr Gesicht und ohne eine direkte Antwort zu geben, begann sie mit leiser Stimme:

»Dahin – dahin – mein Roß und ich,
Auf Windesschwingen durch die Flur,
Weit hinter uns der Menschen Spur!
Wir flogen wie ein Feuerstrich ...«

In diesen Zeilen sah sie sich selbst, alles, was an Träumen seit frühester Jugend in ihr Wurzeln geschlagen hatte. Noch lauschte sie dem Klang der von ihr zitierten Verse nach, als Madden mit gleichermaßen verklärtem Blick den Rhythmus aufnahm:

»Oh, wie du bist, so sollst du immer sein!
Erfülle, was dein Frühling uns verspricht!
So schön, so warm und doch so herzensrein,
Ein Bild der Liebe, nur geflügelt nicht ...«

Er sprach sie mit diesen weiteren Zeilen aus ›Childe Harolds Pilgerfahrt‹ so direkt an, daß sie es jetzt war, die bis an die Haarwurzeln errötete.
Anne und der Großvater warfen sich einen Blick zu. Das Duell aufkommender Gefühle zwischen Jane und dem Bibliothekar war beiden nicht entgangen.
»Komm, Jane«, sagte Anne daher betont munter, »laß uns einen Spaziergang machen!«

Jane war es mehr als recht und so liefen sie zum See hinunter, umrundeten ihn in plauderndem Gespräch. Die Wiesen ringsum waren weiß getupft von Schafmüttern mit ihren diesjährigen Lämmern, die schwarzen Schwäne, der Stolz von ›Holkham Hall‹, führten grau wollige Schwanenkücken.
»Was trägt man in London in dieser Saison?« wollte Anne wissen und Jane beschrieb Form und Farbe der biederen Mode dieser Jahre. Sie versuchte, dabei nicht mehr an Madden zu denken, aber ganz gelang es ihr nicht. Die warmen braunen Augen des Bibliothekars folgten ihr um den ganzen See, ohne daß sie es hindern konnte.
Am Abend erschien der junge Madden nicht mehr und Jane stellte mit Erstaunen fest, daß sie ihn vermißte. Auch am nächsten Tag tauchte er nicht auf. Voll unbegreiflicher Unruhe fragte sich Jane, ob er überhaupt noch im Haus sei. Den Tag darauf suchte sie, magisch angezogen, die Bibliothek auf.
»Da bin ich, wie versprochen, mir einen Band Byron zu holen«, rief sie mit aufgesetzter Fröhlichkeit, um das leichte Zittern ihrer Stimme zu übertönen.
Madden, völlig verwirrt, zupfte an seiner Kragenschleife, die dadurch noch schiefer saß wie zuvor.
»Oh ja, Mylady ... gewiß, Lady Jane ...« Überhastet, als fürchte er ihre Gegenwart, suchte Madden den erbetenen Band aus dem Regal. Gerade als er ihn ihr reichen wollte, fiel das Buch zu Boden. Madden bückte sich, ihn aufzuheben, aber auch Jane hatte schon danach gegriffen, und einen kurzen Augenblick berührten sich ihre Hände. Und in diesem kurzen Augenblick spürte Jane etwas nie Gekanntes. Es war, als ginge ein heißer Strom von ihm in sie über, als sei ihr Wille ausgelöscht

wie auch der seine und habe die Kraft eines Dritten über sie beide Macht gewonnen. Als Madden ihr endlich das Buch reichte, blickte sie ebenso scheu wie er, griff nach dem Buch, sagte etwas von Dank und verließ die Bibliothek in kopfloser Flucht.

Die nächsten Tage trafen sie sich nur unverfänglich im Familienkreis. Man spielte Whist, sang zur Laute, saß am Kaminfeuer und diskutierte das Wetter. Bei alledem aber lastete zwischen Jane und Madden schwer und süß ein Geheimnis, das sich nicht in Worte fassen ließ.

Eines Morgens waren Anne und Jane zusammen ausgeritten, für Jane ein herrliches Vergnügen, wieder einmal mit ›Cinderella‹ über die Heidehügel der ihr so vertrauten Gegend zu galoppieren. Erhitzt vom schnellen Ritt kamen sie zurück nach ›Holkham Hall‹.

»Rasch, Jane, wir müssen uns umziehen zum Lunch!« riet Anne der Gleichaltrigen.

»Ist recht, Großmutter!« gab Jane zurück und beide junge Frauen betraten lachend das Haus.

Als Jane die Halle durchquerte, nahm sie ihren Hut ab und fühlte wie ihr Haar, das sich gelöst hatte, ihr füllig über die Schulter fiel. Während sie schon die Treppe hinauf eilte, tastete sie nach dem Steckkamm, der das Haar gehalten hatte. Er war nicht mehr da. Von der oberen Galerie hinabblickend, ob sie den Kamm vielleicht in der Halle verloren habe, erblickte Jane den jungen Madden. Er hatte den Kamm entdeckt und hob ihn eben auf. Schon wollte Jane sich bemerkbar machen und ihm dafür danken, daß er den Kamm für sie aufgehoben, als sie begriff, daß er keineswegs die Absicht hatte, ihr den Fund auszuhändigen. Sie sah, wie er das glitzernde kleine Ding behutsam wie ein kostbares Kleinod in den Fingern hielt, einen Augenblick seine Lippen darauf preßte und es dann in seine Tasche gleiten ließ. Jane erschrak über das Ausmaß an Zärtlichkeit, das in seiner Geste lag. Es hatte nichts von der Eroberungssucht und großspurigen Selbstsicherheit wie sie Jane aus Ballsälen, Theaterfoyers und Rennplätzen kannte. Erst als Madden sich entfernt hatte, verließ auch sie die Galerie über der Treppe und suchte tief in Gedanken versunken ihr Zimmer auf.

In dieser Nacht irrte Jane Ellenborough leise auf Zehenspitzen durch die Korridore von ›Holkham Hall‹, und wie einem fremden Ruf folgend suchte sie den Seitenflügel auf, wo die Gastzimmer lagen, und auch der junge Bibliothekar untergebracht war. Vor seinem Zimmer blieb sie stehen und fast mechanisch drückte sie dann die Klinke seiner Tür nieder.

Nacht für Nacht war Jane bei Frederick Madden. Er empfing sie jedesmal schweigend, ohne die Flut von Beteuerungen und Schmeicheleien, die nur dem Augenblick dienten und denen Jane schon lange keinen Glauben mehr schenkte. Madden schwatzte nicht und warb nicht, wortlos wartete er im fahlen Mondlicht dieser Nächte und breitete die Arme nach ihr aus. Und er lehrte sie, ihren Körper zu erkennen, seine verborgenen Wünsche und sein ureigenstes Leben.

Als Jane nach London zurückkehrte, wußte sie, daß sie schwanger war. Auf alles gefaßt war sie dennoch entschlossen, Ellenborough eine umfassende Beichte abzulegen. Er würde sie des Hauses verweisen, sie mit Schimpf und Schande fortjagen. Das war sein gutes Recht und sie war bereit, es hinzunehmen. Doch es kam anders.

»Welch erfreuliche Nachricht, meine Liebe«, rief der Lord nach ihrer ersten Eröffnung, »ein Erbe für das Haus Ellenborough! Ich werde die Familienwiege vom Dachboden herunterholen lassen.«

Er rieb sich voller Freude die Hände, aber sie setzte nochmals zu einer Erklärung an.

»Aber, Edward, so versteh doch .. ich war . . .«

»Kein Wort mehr! Du muß dich jetzt sehr schonen, liebste Jane!« Und ganz gegen seine Art fuhr er ihr mit seiner mageren Hand zärtlich über die Wange. Jane schwieg, anfangs entsetzt, dann, als sie langsam begriff, entschlossen und erleichtert. Er wollte es so. Es war ein Handel zwischen ihnen, er sah einem Ellenborough-Erben entgegen und sie genoß weiterhin die Freiheit, zu tun und zu lassen, was sie wollte. Das aber, was Jane wollte, hatte sich seit den Mondnächten von ›Holkham Hall‹ gewandelt. Sie hatte gelernt, daß Liebe nicht immer und unbedingt das große Sehnen der Seele sein mußte, daß sie sich auf unbezwingliche Weise abseits des Herzens selbständig machen konnte. Jane war eine gesunde normale Frau wie jede andere, so nahm sie das Gelernte hin. Aber ihrem ureigentlichen Wesen entsprechend gab sie niemals die Hoffnung auf, dennoch das eine im anderen zu finden, die Liebe im Herzen, die Leidenschaft in der Liebe.

Ungewöhnlich früh verlangte sie auf einer der nächsten Soireen von ihrem Vetter George Anson, nach Hause gebracht zu werden.
»Aber, Jane, es ist doch noch nicht einmal Mitternacht«, protestierte dieser, gewohnt bis in den grauen Morgen hinein, keinen Tanz auszulassen.
»Bitte, George, tu, was ich dir sage! Ruf die Kutsche«, wiederholte sie, und der neue Ausdruck in ihrem Gesicht war ihm ein Rätsel.
Die Kutsche fuhr vor, sie stiegen ein, und als George eben dem Mietkutscher Roehampton House als Ziel der Fahrt angeben wollte, kam Jane ihm zuvor und nannte die Adresse von Georges Wohnung, einem versteckten Gartenhaus hinter dem Palais Esterhazy.
»Jane..!« rief George ungläubig aus, begriff aber rasch, als seine Cousine ihm mit geschlossenen Augen ihre vollen Lippen zum Kuß bot.
George, weit davon entfernt, das Angebot abzulehnen, ging ungestüm gleich einen Schritt weiter. Alle Ungeduld, die sich seit Monaten in ihm angesammelt hatte, entlud sich, sobald sie nur die Terrassentür des kleinen Gartenhauses hinter sich geschlossen hatten.
Die Reihe der mondbeschienenen Liebesnächte setzte sich also auch in London fort. Dennoch ging die Rechnung für Jane nicht auf. Sie hatte erwartet, eine Addition wahrer Liebe, in der sie sich noch immer mit George verbunden glaubte, mit den neu gemachten Erfahrungen müsse ein lupenreines Resultat erbringen. Anfangs schien es auch so. Im ersten Siegestaumel gab

George sich zärtlich, aufmerksam und von unermüdlicher Leidenschaft. Dem folgte ein gewisses Maß an Sättigung, und auch ein Quentchen Überdruß schlich sich ein.
Als Janes Taille dann an Umfang zunahm und ihr Zustand George klar wurde, geriet er gar in blanke Panik. Damit wollte er nichts zu tun haben. Zeitpunkt und Umstände waren ihm günstig.
»Ach Jane Liebste, das Jahr ist um. Mein Urlaub geht zu Ende. Ich muß zurück zur Garnison.«
Jane, klug und einfühlsam, begriff, daß dies kein Abschied, sondern eine Abkehr war. Sie war gefaßt, aber tief verbittert. George reiste ab. Er hatte nicht gefragt, von wem das Kind sei. Sie hätte es ihm auch nicht gesagt.

Im Februar 1828 gebar Jane einen Sohn. Man taufte den künftigen Lord Ellenborough auf die Namen Arthur Dudley und legte ihn in die reich geschnitzte Familienwiege. Dort lag er und sah einem nur sehr kurzen Erdendasein entgegen. Seine Augen waren vom gleichen warmen Braun wie die eines jungen Bibliothekars auf ›Holkham Hall‹.

Fürst Schwarzenberg

Es schmerzte Jane noch immer, daß sie sich in den Gefühlen ihres Vetters George geirrt hatte. Niemals hatte er sie so geliebt wie sie ihn.

»Das ist vorbei«, sagte sie sich, »und einen Schmerz kann man leichter ertragen, wenn man ihn betäubt.«

So tauchte sie erneut in einen Taumel gesellschaftlicher Vergnügungen. Nach der Geburt ihres Sohnes, wieder rank und schlank schien sie schöner denn je, gewissermaßen voll erblüht. So sah man sie auf jedem Ball, auf jeder Soiree, jedem Gartenfest. Man sah sie tanzen, lachen, flirten, man sah sie ausgelassener denn je. Nur glücklich war sie nicht.

An einem frühen Sommertag waren die Ellenboroughs zu einem Empfang in die Österreichische Botschaft gebeten.

»Sollten wir nicht dieses eine Mal gemeinsam erscheinen, Edward?« fragte Jane und wußte schon die immer gleiche Antwort.

»Nein, nein, meine Liebe, geh du nur allein, ich habe noch zu tun ...«

So war es immer, Lord Ellenborough saß am Schreibtisch über seinen vorzeitigen Memoiren oder widmete sich seiner politischen Karriere, Arthur Dudley gedieh im Kinderzimmer unter den Händen von Dienstboten und der eifersüchtigen Aufsicht von Betty, die ihr ganzes Herz der nächsten Generation erschlossen hatte.

»Das arme Wurm«, pflegte sie zu sagen, obwohl dem jungen Lord alles andere als Armut bevorstand. Vor wem zu schützen sie den kleinen Arthur Dudley also an ihren vollen Busen drückte, war nicht ganz klar. Jane, als Mutter weder kalt noch gleichgültig, fühlte sich einfach überflüssig. Ihr Interesse für das Kind war nicht übermäßig entwickelt, was sehr wohl ein Erbteil Lady Andovers sein konnte, deren Mütterlichkeit ja ebenfalls zu wünschen übrig ließ. Nein, Jane entfloh lieber der düsteren Atmosphäre des Ellenboroughschen Stadthauses, wann immer sich eine Gelegenheit dazu bot.

Zu dem Empfang in der Botschaft ließ sie sich von ihrem Bruder Kenelm begleiten, mit seinen siebzehn Jahren ein perfekter kleiner Kavalier. Bei ihrer Toilette gab Jane sich ganz besondere Mühe, als ahnte sie die schicksalhafte Bedeutung dieser Einladung.

Keine Ruhe gab sie, bis die Zofe ihr Haar zu schimmerndem Gold gebürstet und mit einer perlenbesetzten Gemme aufgesteckt hatte, so daß nur seitlich über die Wangen ein paar sorgfältig gedrehte Stocklocken fielen.

Lange zögerte Jane in der Wahl des Kleides und des passenden Schmucks, allzu lange fast, denn nachdem Kenelm mehrfach gemahnt und der Kutscher das Vierergespann zu scharfen Trab antrieb, war sie wieder einmal unter den letzten Gästen, deren Ankunft der Majordomus laut dem Botschafter meldete.

»Lady Jane Elizabeth Ellenborough und Master Kenelm Digby!« rief er am Fuße einer breiten Marmortreppe, an deren oberen Ende Felix Fürst Schwarzenberg in seiner Eigenschaft als Sekretär der Botschaft die erste Begrüßung der Gäste vornahm.

Neugierig blickte Fürst Schwarzenberg bei den zuletzt genannten Namen auf. Er war erst kürzlich von Wien nach London beordert und kannte von Lady Jane nichts weiter als den Ruf von Schönheit und Intelligenz, der ihr voraneilte. Sie solle ebenso belesen wie charmant sein, ebenso mutig wie graziös, ebenso verführerisch wie zurückhaltend. All das schien Schwarzenberg ein wenig zuviel versprochen. Man wird wieder einmal übertreiben und ausschmücken, dachte er sich.

Was aber dann die marmorne Treppe herauf auf ihn zukam war ein wahrhaft atemberaubendes Bild, dessen Anblick sein Herz vom Fleck weg gefangennahm.

Lady Ellenborough in einem weiten, etwas steif schwingenden Kleid nahm vorsichtig Stufe für Stufe. Auf veilchenfarbener Seide, die mit der Farbe ihrer Augen harmonierte, waren erhabene Borten nach griechischem Muster gestickt, die sich am Ausschnitt wiederholten. Die Enden eines wehenden Schals in dunklem Violett trug sie über dem bis zum Ellenbogen behandschuhten Arm, um ihren Hals einen herrlichen Schmuck von Amethysten.

»Ich darf mir erlauben, Lady Jane, Sie im Namen des Botschafters willkommen zu heißen . . .«

Weiter kam Schwarzenberg trotz geschulter Zungenfertigkeit nicht. Er küßte den veilchenfarbenen Handschuh und bemerkte mit Kennerblick wie gut die Farbe zu den Augen paßte, die ihn gleichermaßen neugierig musterten.

»Mein Bruder und ich danken für die freundliche Einladung . . .« hörte er sie noch sagen, dann mußte er sich der Begrüßung von Lord und Lady Agryll widmen.

Jane hatte ihrerseits den Ruf vernommen, der dem Fürsten Schwarzenberg, nicht weniger bildhaft ausgeschmückt vorauslief: jung, schön, vornehm, blasiert, von Frauen umworben und aus einer der besten österreichischen Familien stammend. Und was sie jetzt tatsächlich sah, war ebenso geeignet, sie zu beeindrucken, als sie offenbar den Fürsten beeindruckt hatte. Sie sah einen Mann von etwa dreißig Jahren, der in seiner männlichen Schönheit einem Heldenroman hätte entstammen können. Nicht allein die edlen Züge des jungen Aristokraten, eine hohe Stirn, das dunkle wellige Haar, die glattrasierten Wangen faszinierten, auch eine überaus schlanke Figur wurde von Schnitt und Farbe eines äußerst kleidsamen Diplomatenfracks noch unterstrichen. Aus blaugrünen Augen von bezwingender Intelligenz waren kurz Staunen und Spottlust aufgeblitzt, als hätten sie sagen wollen: »Warte, mit dir bin ich noch nicht fertig!« Und kaum anders empfand Jane, als sie nun gemeinsam mit Kenelm ihren Weg durch die Salons nach draußen suchte, wo auf sommerlich geschmückter Gartenterrasse das Botschafterpaar, Fürst und Fürstin Esterhazy, inmitten einer plaudernden Menge Circle hielt.

Viel später erst, als der Abend schon in samtdunkle Nacht übergegangen war, trat Fürst Felix mit einem Glas Champagner in der Hand an einen der auf der Terrasse gedeckten Tische und verneigte sich.

»Ich fürchte, Lady Jane, Sie noch nicht recht begrüßt zu haben und bitte um die Ehre, dies nachholen zu dürfen.«

Sie waren umgeben von Stimmengewirr und den leisen Tönen importierter Walzermusik und Janes Gesichtszüge im blakenden Hell und Dunkel aufgestellter Windlichter nur schwer zu erkennen, aber als sie ihm antwortete, schwang das gleiche flehende Timbre in ihrer Stimme wie in der seinen.

»Wie aufmerksam von Ihnen, Fürst! Setzen Sie sich zu

mir und trinken Sie Ihr Glas an meinem Tisch, dann werde ich Ihnen noch einmal vergeben ...«

Später wußte keiner von beiden mehr, welch nichtssagende Phrasen sie noch getauscht haben, aber sie wußten, daß sich ihre Herzen unlöslich einander verbunden hatten, so unlöslich wie Verliebte eine Spanne Zeit zur Ewigkeit stempeln.

Wie schon einmal in Janes Leben war es dann ein Walzer, der eine Brücke schlug, damals zu einem ungeliebten, ihr aufgezwungenen Mann, heute zu einem neuen großen Abenteuer. Schwarzenberg fragte nicht, ob Lady Jane zu tanzen wünsche, er erhob sich einfach und reichte ihr seinen Arm, und mit den ersten Takten einsetzender Musik schwebten sie davon. Schwarzenberg, um einen Kopf größer als Jane, sah auf ihren goldblonden Scheitel herab.

»Sie sind sehr schön, Madame«, sagte er, und Jane, an dieses Kompliment tausendfach gewöhnt, war es, als höre sie es zum ersten Mal. Ihr wurde plötzlich bewußt, daß Gott ihr ein schönes Antlitz gegeben, um Liebe zu suchen, zu finden und zu ernten, einer Blüte gleich, die durch Form und Farbe lockt und mit süßem Nektar belohnt. Niemals wollte Jane auf dieser Suche sich verschwenden, immer wollte sie nur die eine große Erfüllung finden.

»Sie dürfen mir nicht schmeicheln, Fürst«, wehrte sie vorsichtig ab.

»Sie haben recht, ich trage Eulen nach Athen«, lachte Fürst Schwarzenberg auf, »dann lassen Sie mich's anders sagen, Verehrteste! London, nach dem ich mich bisher verbannt geglaubt, hat heut ein anderes Gesicht bekommen. Ich fühle mich auf den Parnaß versetzt.«

Er hatte sie unmerklich näher zu sich heran gezogen,

und Jane spürte die Wirkung seiner Nähe wie einen geheimen Buschbrand. Seine Worte drangen nur wie durch einen Nebel zu ihr vor.

»Wird man Sie nächste Woche in Ascot sehen, Lady Jane? Man hört, Lord Ellenborough läßt einen jungen Hengst mitlaufen?«

»Oh ja, ich denke doch, daß ich hinauskomme«, gab Jane etwas gedehnt zur Antwort. Sie hatte eigentlich nicht die Absicht gehabt. Das Rennen in Ascot war das einzige gesellschaftliche Ereignis, zu dem an ihrer Seite zu erscheinen Lord Ellenborough sich nicht nehmen ließ. Und das nicht etwa des jungen Hengstes wegen, sondern um der königlichen Familie, die in Ascot jedesmal geschlossen anwesend war, ein intaktes Bild seiner Ehe zu zeigen. Und Jane, die Pferdenärrin, zog es gewöhnlich vor, die lange Fahrt nach Windsor, allein mit ihrem Gatten in der Kutsche, gegen den Vorwand von Unwohlsein einzutauschen. So hatte sie es auch für diesmal geplant, aber der Gedanke, Fürst Schwarzenberg in Ascot wiederzutreffen, war weit verlockender.

»O doch, ich werde da sein«, sagte sie noch einmal.

Dann tanzten sie eine Weile schweigend, aber laut pochte zwischen ihnen die aufkommende Liebe. Der Walzer klang aus, und Fürst Felix brachte Jane an ihren Tisch zurück.

»Bis Ascot ...« sagte er noch leise, und sein Lächeln war Frage und Antwort zugleich.

Die Dinge ließen sich dann weit günstiger für die Liebenden an, als Jane befürchtet hatte. Ellenborough, angeblich durch wichtige Arbeiten verhindert, sagte die Fahrt nach Ascot ab, Jane aber, gekränkt, als habe er sie um den Spaß des Jahres gebracht, ließ kurzerhand den-

noch den Kutscher anspannen und fuhr allein die dreißig englischen Meilen nach Ascot hinaus.
Auf der Tribüne erschien sie in einem zartrosa Musselinkleid mit riesigen Keulenärmeln, einem blumenbestückten Schutenhut und passendem Sonnenschirm. Und dort war Fürst Schwarzenberg.
Trotz ihrer Freude an Pferderennen sah Jane an diesem Tage kaum etwas vom Geschehen auf dem Rasen. Es war als habe sie einen Schleier vor den Augen und nur ein offenes Ohr für die tausend kleinen Liebenswürdigkeiten, die Schwarzenberg ihr zuflüsterte.
Der Tag ging zu Ende, das einfache Publikum verlief sich, und die Herrschaften von Tribüne und Loge ließen ihre Kutschen vorfahren, den Heimweg anzutreten.
»Ich lasse meinen Kutscher nicht die halbe Nacht den Weg bis London fahren«, sagte Jane und bemühte sich um einen festen Ton ihrer Stimme, »ich habe im ›Jokkey's Inn‹ Quartier genommen.«
Jane glaubte zu hören, wie der Fürst scharf die Luft einzog, ehe er gelassen bemerkte:
»Welch ein Zufall, Verehrteste, eben dort habe auch ich Zimmer bestellt!«
Sie trennten sich, ohne ein Wort der Verabredung. Es schien beiden nicht nötig. Das ›Jockey's Inn‹ war nur ein bescheidenes Gasthaus, die vornehmeren Häuser am Ort mied Jane aus gutem Grund. Zu viele Londoner Bekannte, die gleichermaßen die dreißig englischen Meilen bis London nicht mehr zurücklegen wollten, würde sie dort treffen. So hatte Lady Jane statt der gewohnten Suite nur zwei kleine Räume inne, das eine mit einem breiten Bett ausgestattet, in dem anderen ließ sie einen Imbiß für zwei Personen anrichten, nichts

Üppiges, Möweneier auf Kresse, Schinken und Landbrot.
Jane, ganz ohne Bedienung, tauschte das Kleid mit einem Negligée aus weißer Seide, nur eine Rose daran, so rot wie ein Blutstropfen und wartete. Es dauerte nur ein paar Minuten bis es an der Tür leise klopfte.
Jane öffnete. Im Türrahmen stand Felix Fürst Schwarzenberg.
»Bin ich willkommen ...?« fragte er und plötzlich war etwas wie Furcht in seinen blaugrünen Augen.
»Ich wußte, daß du kommst!« kam es von Jane wie der Jubelschrei eines kleinen Vogels.
Die Kerzen im fünfarmigen Leuchter flackerten vom Windzug als Schwarzenberg rasch eintrat und Jane die Tür hinter ihm schloß. Und dann lagen sie sich in den Armen, die englische Lady und der österreichische Diplomat.
Trotz verhaltener Leidenschaft war ihre Umarmung noch zögernd. Irgendwie spürten beide, daß sie etwas ganz Wertvolles erlebten, daß ihnen ein großes Gefühl beschert worden war. Sie wollten nicht um des flüchtigen Augenblicks Willen ernten, sondern mit behutsamer Geduld wachsen lassen, was zwischen ihnen erblühte.
So saßen sie, ihre Blicke ineinander versunken, einander gegenüber. Jane nippte an Möweneiern auf Kresse, Schwarzenberg brach das Brot und schenkte Wein ein. Sie sprachen kaum ein Wort, bis endlich Jane sich erhob und nach dort deutete, wo weit die Tür zum Nebenzimmer offenstand.
»Komm ...« sagte sie sehr leise.
Er blies in einem Zug die Kerzen aus und folgte ihr.

Endlich die große Liebe?

Zurück in London suchten und fanden diese beiden Menschen sich bei jeder Gelegenheit. Noch nahmen sie Rücksicht auf Konvention und Schicklichkeit. Der Zufall wollte es, daß Schwarzenbergs Wohnung ebenfalls in der Harley Street lag, nur fünf Hausnummern von Janes Eltern entfernt. Das erforderte allerlei Winkelzüge, um die Öffentlichkeit zu täuschen, wenn die Liebenden sich einander ungestört angehören wollten.

»Fahren Sie über die Wimpole Street«, wies einmal Jane den Ellenboroughschen Kutscher namens Carpenter an, ein ander Mal ließ sie ihn über die Chandos Street fahren und diskret an der Ecke Queen Anne Street halten. Ein Goldstück dann und wann hatte Carpenter still und verschwiegen zu ihrem Werkzeug gemacht.

»Das arme Ding«, beschwichtigte der wohl dann sein eigenes Gewissen, »mit Seiner griesgrämigen Lordschaft verheiratet zu sein, ist nicht gerade das Glück auf Erden!«

Schwarzenberg hielt es schließlich für sicherer, die Wohnung zu wechseln und zog in die weit entfernte Holles Street Nummer 11.

Nun fuhr Carpenter seine Herrin Abend für Abend zu dieser Adresse und hielt vor dem schmiedeeisernen Gitter des Vorgartens.

»Danke, Carpenter, danke«, entließ ihn Jane dann jedesmal, »kehren Sie um, es wird wieder spät, und die Pferde wollen in den Stall.« Ein weiteres Goldstück wechselte dabei seinen Besitzer. Vor der Dienerschaft

von Roehampton House ließ Carpenter aber niemals ein Wort darüber fallen.
»Glaubst du, daß wir ihm trauen können?« meinte Schwarzenberg, nachdem Jane wieder einmal aus der Kutsche geschlüpft, leichten Fußes die Stufen zu seiner Wohnung hinaufgeeilt und ihm stürmisch um den Hals gefallen war.
»Aber ja doch, Felix! Und selbst wenn Carpenter plaudert, was kann es uns jetzt noch schaden? Jetzt, da wir zusammengehören, müssen wir den Dingen doch ohnehin einmal ins Auge sehen!«
Felix sagte nichts, hielt sie nur fest in seinen Armen. Er liebte diese Frau von ganzem Herzen, das war sicher, und dennoch war da etwas, das ihn zutiefst beunruhigte. Es machte ihn noch immer glücklich, wenn er den zierlichen Leib dieser schönen, jungen Frau nahe bei sich fühlen durfte, aber dieser Leib hatte sich in den letzten Wochen zusehends gerundet. Das bedeutete für den Fürsten Konsequenzen, Entscheidungen, die sich vor ihm auftürmten wie Gewitterwolken am Horizont. Und je näher diese kamen, desto klarer wurde es Schwarzenberg, daß ihm seine Karriere als Diplomat letztendlich mehr zählte als die Liebe einer Frau. Einen Skandal wollte er um jeden Preis vermeiden.
»Nun, ich meine nur, Liebling, wir sollten niemanden brüskieren«, suchte er noch einmal die Gefahr darzulegen, die das stille Glück im Winkel bedrohen könne.
Jane sah das ganz anders.
»Wen brüskieren, Felix, Liebster? Natürlich wird es für meine Eltern ein Schock sein, aber Ellenborough wird in eine Scheidung einwilligen, wenn ich ihm Arthur Dudley lasse, und mich von meinem Sohn zu trennen, Darling, das bist du mir wert.«

War Jane nach dem Erlebnis mit Frederick Madden zur Frau geworden und hatte sie durch Georges Verhalten den bitteren Geschmack der Enttäuschung gekostet, so zweifelte sie nicht daran, daß ihre Begegnung mit Felix Schwarzenberg ihr den Traum von der einen großen Liebe bescherte. Sich den Regeln irgendwelcher Konvention zu beugen, war sie nicht mehr bereit, zumal ihr eine Ehe, die sie nur aus Gehorsam ihren Eltern gegenüber geschlossen hatte, nichts bedeutete. Mit aller Heimlichtuerei sollte nun ein Ende sein, so meinte Jane, die Welt sollte erfahren, daß Felix und sie ein Paar waren, für jetzt und alle Zeit.
Doch die Welt reagierte nicht so wie Jane es in ihrer naiven Rechtschaffenheit sich vorstellte.

Es war wieder einmal spät geworden oder besser gesagt, früh am Morgen, als Lady Jane die Wohnung Fürst Schwarzenbergs verließ. Ihrer Gewohnheit entsprechend und in Rücksicht auf das Pferdegespann, hatte sie den Kutscher Carpenter nicht warten lassen. So fuhr eine klapprige Mietkutsche vor Roehampton House vor, als eben die erste Morgendämmerung über die Dächer von London stieg. Jane zahlte den Kutscher aus und huschte eilig, nicht um sich zu verbergen, sondern der morgendlichen Kälte wegen, ins Haus. Gewöhnlich, wenn sie um diese Zeit nach Hause kam, war es stockfinster in der Eingangshalle, und auch jetzt war es noch nicht Tag genug, um sie zu erhellen. Seit Lord Ellenborough Jane einmal zu solcher Stunde urplötzlich aus dem Dunkel auftauchend erschreckte, konnte sie die Halle nie mehr durchqueren ohne jenes Kribbeln im Nacken zu verspüren, das sie damals überfallen hatte. Heute war ihre Furcht unbegründet. Niemand saß in einem der dunklen Winkel, um aufzutauchen und sie zur Rechenschaft zu ziehen. So lief Jane denn behende die Treppe hinauf und erreichte ihr Zimmer. Geschafft! Betty ließ zumeist wohlmeinend einen Kandelaber brennen, so empfing Jane der warme beruhigende Schein seiner Lichter. Sie schloß die Tür von innen und lehnte sich für einen Augenblick erschöpft dagegen. Obwohl sie nach ihrer Auffassung ein reines Gewissen hatte, schlich sie sich jedesmal wie ein Verbrecher heimlich ins Haus, das war ihrer unwürdig, das mußte anders werden.

»Morgen werde ich mit ihm sprechen! Morgen ganz bestimmt«, sagte sie halblaut und schlug den Vorhang ihres Bettes zurück. Sie war entschlossen, jeden Makel, jede Unaufrichtigkeit aus ihrem Dasein auszumerzen.

Jane klingelte früher als sonst nach ihrem ›morning tea‹. Ein Stubenmädchen brachte das Tablett mit einer Tasse dampfenden Tee, Milch und Zucker. Das eigentliche Frühstück, bestehend aus Porridge, Speck und Eiern nahm man später zu sich, Jane meist allein im dunkel getäfelten Frühstückszimmer, wenn Ellenborough längst sein Arbeitszimmer aufgesucht hatte. Für heute aber plante Jane eine Ausnahme von der Regel.

»Melde Seiner Lordschaft«, sagte sie zu dem Mädchen, »daß ich mit ihm zu frühstücken wünsche. Ich bin in einer halben Stunde unten.«

»Sehr wohl, Mylady«, knickste das Mädchen und huschte hinaus.

Genau eine halbe Stunde später erschien Jane in einem adretten Hauskleid aus braun-grünem Krepp mit hellem Spitzenkragen im Frühstückszimmer.

Lord Ellenborough erwartete sie bereits, höflich reserviert, im taubenblauen Gehrock, mit silbergrauer Halsschleife, anscheinend eben auf dem Sprung auszugehen. Sein ›guten Morgen‹ fiel recht kühl aus.

»Wenn ich mir auch der besonderen Auszeichnung durch deinen Wunsch, mit mir zu frühstücken, bewußt bin«, begann er sarkastisch, »so muß ich doch sagen, daß mir zu diesem Vergnügen nur wenige Minuten bleiben. Ich werde zu einer Sitzung im Oberhaus erwartet.«

»Guten Morgen, Edward«, fing Jane freundlich seinen aggressiven Ton ab, »ich möchte mit dir reden. Bitte setz dich. Zu Toast und Kaffee wird deine kostbare Zeit wohl noch reichen.«

Verblüfft über ihren ungewohnt selbstsicheren Ton rückte Lord Ellenborough seiner Frau höflich den Stuhl zurecht und nahm selber Platz.

»Was führt sie im Schild?« fragte er sich. Auf keinen Fall durfte er sich den Verlauf des Gesprächs aus der Hand nehmen lassen. So war er auf der Hut, und da der Angriff immer noch die beste Parade war, wechselte er zu scharfem Verhör über.

»Es ist wieder spät geworden, gestern abend, nicht wahr? Oder sollte ich besser sagen, heute morgen?«

»Ja, ja«, gab Jane zerstreut zu. Das war ja gar nicht der Punkt, auf den sie hinauswollte.

Ellenborough seinerseits behielt den Ton des ›erhobenen Zeigefingers‹ bei.

»Nun, ich freue mich, daß du überhaupt noch den Weg nach Hause findest, meine Liebe . . .« Plötzlich aber bekam seine Höflichkeit etwas Drohendes. »Übrigens, wie war das Theater?«

»Ich war nicht im Theater«, sagte Jane und fühlte sich ums Haar schon wieder in die Verteidigung gedrängt.

»So? Wo warst du dann, wenn man als Ehemann das noch fragen darf?«
»Ich habe einen Besuch gemacht.«
»Und wen, meine Liebe, hast du um diese Tageszeit, um nicht zu sagen Nachtzeit, mit deinem Besuch beehrt?«
Die Frage war töricht. Natürlich wußte er, wer es war. Ganz London sprach seit Monaten davon, daß Lady Jane und Fürst Schwarzenberg ein Paar waren. Aber wahrscheinlich gehörte das Verhör zum Katz und Maus Spiel.
Jane häufte in aller Ruhe Porridge auf ihren Teller und überstreute ihn mit braunem Zucker.
»Ich war bei Fürst Schwarzenberg«, sagte sie nun, ohnehin entschlossen, ein für alle Mal Farbe zu bekennen.
»Deine Offenheit ist aller Ehren wert«, kam es in schneidender Ironie von Ellenborough. Der Hochmut in seinem Gesicht war nicht mehr zu überbieten. Seine Augen wurden ganz schmal, die Lippen hielt er fest aufeinander gepreßt.
Wie anders ist er doch als Felix, dachte sie, und wurde fast von Mitleid ergriffen. Mit zärtlichem Stolz verglich sie die strahlende Schönheit des Geliebten mit der knöchernen Würde des Älteren, der hier zynisch für ein Recht kämpfte, das er in Wahrheit nie besaß. Weiß Gott, zwei Männer, so verschieden wie Himmel und Hölle!
Was sie nicht wußte war, daß diese beiden Männer in einem Punkt sich sehr ähnlich waren, und zwar im Stellenwert, den sie ihrer jeweiligen Karriere zumaßen.
»Ich muß dich aber bitten, liebe Jane, dich daran zu erinnern, daß dein Name Ellenborough ist und du dem

Ruf dieses Hauses einiges schuldest!« Jetzt sprach er wieder mit erhobenen Zeigefinger. »Du hast dein Verhalten mehr den Gegebenheiten anzupassen! Du bist die Frau des künftigen Vizekönigs von Indien! Das jedenfalls ist mein Ziel, und ich lasse nicht zu, daß du durch einen Skandal den Weg dorthin gefährdest. Solltest du dich weiterhin in aller Öffentlichkeit aufführen, wie eine läufige Hündin, werde ich Mittel und Wege finden ...« Seine Stimme hatte sich gehoben, sein Zorn war nicht mehr zu dämmen. »Ich verlange von dir ab sofort ein anderes Benehmen. Du wirst im Haus bleiben und dich an meine Anweisungen halten. Immerhin bist du Lady Ellenborough!«

Nun war auch Jane zornig geworden. Der spitze Hohn, den sie in ihre nächsten Worte legte, zeigte ganz seine Schule.

»Das kann ich sehr bald ändern, Edward! Ich verlange die Scheidung!«

Ellenborough warf seine Serviette auf den Tisch und sprang auf. Scheidung! Das wäre genau der Skandal, der seine einflußreiche Position im Oberhaus auf das empfindlichste bedrohen würde.

»Nun, nun, man muß nicht gleich übers Ziel hinausschießen«, suchte er zu beschwichtigen. Er hatte gemerkt, daß es nicht damit getan war, Jane wie ein ungezogenes Kind einfach zurechtzuweisen. »Du sollst ja weiter die Freiheit haben, deinen Vergnügungen nachzugehen ...«

»Du verstehst mich nicht, Edward!« unterbrach ihn Jane. »Ich bin schwanger. Ich bekomme ein Kind von Felix.«

»Nun ja, ähnliches dachte ich mir ... dein Zustand ist nicht ganz zu übersehen ...«

»Dann wirst du begreifen, daß es mir ernst ist. Ich will mein Leben von Grund auf in Ordnung bringen. Ich will die Scheidung, damit ich frei und ungebunden vor Felix hintreten kann, um ihm zu sagen, daß unsere Liebe Frucht getragen.« Jetzt war sie pathetisch geworden, das gab Ellenborough seine gewohnte nüchterne Ausgeglichenheit zurück.

»Welch ein Aufwand, meine Liebe! Dies Haus ist groß genug, und unser Sohn kann ein Geschwisterchen gebrauchen.«

Jane war schockiert. Wieder wollte Edward die Situation vertuschen. Wieder ging es ihm nur um den äußeren Schein und sollte sie die Gefangene einer Lüge bleiben. Aber sie wollte Klarheit schaffen, endlich der Wahrheit leben, hell, rein und durchsichtig wie ein geschliffener Diamant.

»Du ekelst mich an«, rief Jane und schob ihrerseits den Stuhl zurück. Ihr Frühstück hatte sie noch kaum berührt.

»Bleib!« befahl Lord Ellenborough und drückte sie wieder auf den Sitz nieder. »Ich denke, du wirst es dir noch einmal überlegen, Jane. Mein Angebot steht. Vorerst bitte ich dich nur, nichts zu übereilen.« Er gab sie frei, so daß sie sich erheben konnte.

»Übereilen?« fragte Jane jetzt ihrerseits höhnisch, »ich glaube, ich habe schon viel zu lange gewartet. Laß Carpenter für mich anspannen. Er soll mich in die Stadt fahren. Jetzt gleich.«

Letzteres sprach sie wie zu irgendeinem Dienstboten dieses großen Haushalts und erwartete dafür natürlich Edwards verärgerten Einspruch. Er aber gehorchte.

»Gern, meine Liebe, ich werde es ihm sagen. Bei diesem Wetter soll er mit dem geschlossenem Coupé vor-

fahren. Du aber nimm dennoch einen Mantel um, damit du dich ja nicht erkältest.«
War das Ironie oder echte Sorge? Gleichwie, Jane triumphierte. Diese Runde hatte sie gegen Edward Law Ellenborough gewonnen.

Jane war fest entschlossen, das Eisen zu schmieden, solange es heiß war. Sie wollte Felix Schwarzenberg sogleich aufsuchen, um ihm mitzuteilen, wie die Dinge lagen. Jetzt, um diese Tageszeit – es ging auf Mittag zu – würde sie ihn nicht in seiner Wohnung antreffen. So gab sie Carpenter nicht die Holles Street als Fahrziel an, sondern die Adresse der Amtsräume Fürst Schwarzenbergs in der Österreichischen Botschaft. Ihr Besuch dort am hellen Tag würde zwar in der Wirkung dem Aufstochern eines Ameisenhaufens gleichen, aber das war ihr jetzt gleichgültig. Was sie ihrem Geliebten zu eröffnen hatte, würde jeden Ärger über die Störung bei weitem aufwiegen. Davon war Jane fest überzeugt.
Carpenter ließ die blanken Rappen noch einmal ordentlich treten, ehe er sie in das Rondell vor der Botschaft lenkte. Ein Botschaftsdiener eilte herbei, der Dame beim Aussteigen behilflich zu sein, und noch ehe diese einen Fuß auf den Tritt gesetzt hatte, wies sie ihn an:
»Meld er mich bei Seiner Durchlaucht, dem Fürsten Schwarzenberg!«
Der Diener machte ein verlegenes Gesicht.
»Bedaure, Mylady, bedaure unendlich, aber das ist nicht mehr möglich.«
»Nicht mehr möglich? Was soll das heißen?«
»Seine Durchlaucht sind abgereist.«
»Abgereist? Wohin? Wie lange? Wann ist er zurück?«

»Wir erwarten Seine Durchlaucht nicht mehr zurück, Mylady ... der Fürst wurde abberufen ... zurück nach Wien ... für immer.«
Jane fühlte sich wie vom Blitz getroffen. Es wirbelte ihr rot und schwarz vor den Augen. Felix war abgereist. Ohne Abschied. Ohne ein Wort. Zurück nach Wien. Er hatte sie allein gelassen. Und sie war schuld daran. Hätte sie ihm nur gesagt, daß sie schwanger war, daß sie ein Kind von ihm erwartete! Er hätte sie mitgenommen, als seine Frau! Dessen war sie ganz sicher. Sie hatte alles verdorben. Sie allein.
Wie erstarrt ließ sie sich in die Polster des Wagens zurückfallen.
»Nach Hause, Carpenter«, sagte sie matt, »nach Hause ... ich muß überlegen, was zu tun ist ...«

»Und in Paris, bitt' ich mir aus, keine spektakulären Amouren mehr, lieber Freund!« Mit diesen Worten endete die Gardinenpredigt, die Felix Fürst Schwarzenberg sich vom Kanzler und Vorgesetzten Fürst Metternich anhören mußte. »Kein Mensch hat etwas gegen eine kleine Liebelei hier und da, aber die Affär' mit Lady Ellenborough in London hat die Engländer arg verschnupft.«

Die Berufung des Botschaftssekretärs Schwarzenberg an die Pariser Botschaft stand dann in den Gazetten, und diese las Lady Jane gewissenhaft Zeile für Zeile beim Early Morning Tea. Nicht einen Augenblick zweifelte sie, was zu tun sei.

»Betty! Laß die Koffer packen! Wir reisen nach Paris!« Fast hätte sie das Tablett umgeworfen, so temperamentvoll schlug sie die Bettdecke zurück.

Betty ihrerseits meldete Zweifel an.

»Mylady, eine Reise um diese Jahreszeit! Das Kind wird sich erkälten!« Wenn Betty die Anrede Mylady gebrauchte, war sie sehr aufgebracht.

»Das Kind wird erst in zwei Monaten geboren, und mir geht es gut«, rief Jane und strich sich über den schon stark gerundeten Leib. »Ich fühle mich kräftig genug für die Reise, selbst wenn es stürmt und schneit.«

»Ich spreche von Arthur Dudley, Ihrem Sohn, Mylady!«

Betty betonte jede Silbe vorwurfsvoll, doch Jane überhörte den Vorwurf ganz und gar.

»Oh, er bleibt hier in London, er ist ein Ellenborough.«

Der Name schien ihre Entscheidung zu rechtfertigen, aber Betty war in keiner Weise besänftigt.
»Eure Ladyschaft wollen verzeihen, aber dann werde auch ich hier bleiben.«
Das hatte Jane nicht erwartet.
»Du willst mich allein lassen?«
»Ich will das Kind nicht allein lassen«, beharrte Betty starrköpfig, fiel aber in die vertraute Anrede zurück. »Eine allzu gute Mutter warst du ihm nie, Jane, und nun, da du vielleicht nicht zurückkommen wirst, will ich ihm die Mutter ersetzen, so wie ich sie dir ersetzte. Ist das so schwer zu verstehen?«
Jane, viel zu aufrecht und ehrlich, um der treuen Seele nicht recht zu geben, fühlte sogar ihr Gewissen erleichtert. Sie hatte zu dem Kind, das sie mit den braunen Augen Frederick Maddens ansah, niemals eine mütterliche Beziehung knüpfen können und selten genug das Kinderzimmer betreten, in dem ohnehin Betty herrschte.
»Nun gut«, stimmte sie daher leichten Herzens zu, »ich werde allein reisen. Und niemals kehre ich zurück, auch damit sollst du recht behalten. In Paris, da bin ich sicher, erwartet mich endlich das Glück! Und diesmal will ich es festhalten mit meinen beiden Händen.«

Allein, ohne jede Begleitung, trat Lady Jane Ellenborough dann die Reise an. Auf dem Kanal herrschte stürmische See, das Stoßen und Rütteln der Eilpost ab Calais, die dennoch nur zu schleichen schien und zwei ganze Tage bis Paris brauchte, kostete dem Kind, das Lady Jane unter dem Herzen trug, fast das Leben. Nur die feste Gewißheit, einer Liebe entgegenzureisen, die ein unerklärliches Mißgeschick auseinandergerissen hatte, hielt Jane aufrecht. In Paris dann konnte glücklicherweise ein gutes Stück Geld den Postillon überreden, bis in das Viertel Faubourg Saint-Germain und bei der Österreichischen Botschaft vorzufahren. Das ungewohnte »Hüh« und »Hott« und »Brr« in der sonst stillen Straße ließ selbst den Botschafter, Graf Apponyi, neugierig ans Fenster treten.

»Sehen Sie nur, Schwarzenberg«, rief er seinem Untergebenen zu, »was in aller Welt hat das zu bedeuten?«

Der junge Schwarzenberg trat ebenfalls ans Fenster, doch was er sah, gefiel ihm ganz und gar nicht. Der Kondukteur der Diligence Calais-Paris lud vor der Botschaft eine lange Reihe Koffer ab und half dann einer Dame aus dem Inneren der Kutsche. Und in eben jener Dame erkannte Schwarzenberg zu seinem Schrecken die reizende Lady Jane, die ihm in London zwar zärtliche Stunden bereitet hatte, an die er sich gern erinnerte, die aber auch an dem Donnerwetter Schuld war, das ihn über Nacht aus London abberufen hatte. Die Ankunft dort unten durfte um keinen Preis eine Wiederholung der Ereignisse von London bedeuten. Das hieße, es mit Wien endgültig zu verderben, und da sei Gott vor! So rasch war Schwarzenberg noch niemals eine Treppe hinabgestürmt, doch gerade das Ungestüm, mit dem er unten auf der Straße erschien, führte zu grundsätzlichem Mißverständnis.

»Felix!« rief Jane und streckte die Arme nach dem Geliebten aus, »mein Felix, endlich!« Und noch ehe er ein Wort sagen konnte, war sie ihm an die Brust gesunken. »Ich kam, so schnell ich nur konnte, Liebster! Gleich als ich hörte, daß du in Paris bist! Und jetzt bleiben wir zusammen, für immer! Ich habe Edward um die Scheidung gebeten, er kann sie nicht mehr verweigern.«

Schlimmer konnte es für Schwarzenbergs Ohren nicht mehr kommen, und da er Jane, die an seiner Brust lehnte, ja schlechterdings nicht zu Boden gleiten lassen konnte, hielt er sie seinerseits mit den Armen umfaßt. So konnte ihm auch nicht verborgen bleiben, daß sein damaliger Verdacht nicht unbegründet war. Jane mußte etwa im siebten Monat sein.

»Oh, Jane, du hier ...?« brachte er endlich hervor, und Jane war sicher, daß es die Freude war, die dem sonst so Redegewandten die Sprache verschlagen hatte.

»Ja, Felix, ja«, schluchzte sie auf, aber durch Tränen des Glücks und der Erschöpfung brach auch sogleich wieder ihr Lächeln, tapfer und voller Zuversicht. Und wie sie da zu ihm aufsah, ging in Felix Schwarzenberg eine Veränderung vor. Er hatte vergessen, wie rührend schön ihr Gesicht war, wie verheißungsvoll der Blick ihrer weit auseinanderstehenden, veilchenblauen Augen. Er hatte das süße Gefühl vergessen, das ihn stets in ihrer Nähe ergriffen und emporgehoben hatte.

»Jane, Liebes ...« flüsterte er und küßte sie leicht auf die dargebotenen Lippen. Und plötzlich war es wieder da, dieses Gefühl, das auch er in den Londoner Tagen Liebe genannt hatte. Und dennoch blieb die Vernunft in ihm hellwach. »Wir müssen überlegen, Jane ...«

»Was gibt es noch zu überlegen, Darling? Ich bin todmüde und brauch' ein weiches Bett, und ein solches gibt es doch sicherlich in deiner Wohnung ...«

»In meiner Wohnung? Ich fürchte, das wird nicht möglich sein ...«

»Warum nur, Felix, auf meinen Ruf brauchst du nicht mehr bedacht zu sein, jetzt, da die Scheidung läuft!«

Schwarzenberg hatte eigentlich mehr an seinen eigenen Ruf gedacht.

»Nun, du mußt wissen, Jane, ich habe keine Wohnung! Jedenfalls vorläufig nicht. Ich hause hier in der Botschaft, bin sozusagen selber Gast bei den Apponyis ...«

»Oh ...«, machte Jane und begann zu begreifen. Man hatte Felix dem wachsamen Auge seines Vorgesetzten unterstellt. Um diesem selbst zu entgehen, so erkannte Jane, mußte sie sich besser ein getrenntes Quartier suchen.

Vorerst aber konnte sie sich kaum noch auf den Beinen halten, so blieb Schwarzenberg nichts anderes übrig, als sie in die Botschaft hereinzubitten.

»Lady Ellenborough ist eingetroffen«, gestand er dem Grafen Apponyi und distanzierte sich sogleich von der dahinter verborgenen Absicht, »sozusagen auf der Durchreise, denke ich ...«

Graf Apponyi begrüßte Jane höflich und rücksichtsvoll als Gast der Botschaft, bedachte jedoch seinen jungen Attaché mit einer deutlichen Warnung.

»Wenn Sie Ihre Finger im Spiel haben«, zischte er ihm zu, »und gar selbst hinter der Ankunft dieser Dame stecken, dann sehe ich für Sie als nächsten Posten nur noch den brasilianischen Urwald!«

Zu müde, um die Enttäuschung über den mißglückten Anfang so recht zu realisieren, erklärte sich Jane mit allem einverstanden. Also brachte der Botschaftswagen Lady Ellenborough samt Gepäck in ein bequemes, wenn auch bescheidenes Gasthaus.

Hastige Besuche, die Felix ihr dort machte, erweckten in ihm alsbald den Appetit, ihre Gemeinsamkeit wieder enger zu gestalten. So machte er sich denn auf die Suche nach einem diskreten Domizil und fand es auch in einer kleinen Villa am Rande der Stadt.

»Es ist allerliebst, es wird dir gefallen, mein Herz«, schwärmte er, ganz und gar wieder ihrem Zauber verfallen.
Jane fand das Haus wirklich allerliebst und ging daran, sich ganz neu zu etablieren.
»Ich brauche eine Köchin, einen Diener«, zählte sie auf, »und selbstverständlich eine Zofe für mich!«
Köchin und Diener waren schnell gefunden, und ein junges Ding namens Eugénie, hübsch und geschickt, kaum älter als die Lady selbst, bewarb sich um den Posten der Zofe. Ein Gärtner vervollständigte den Haushalt, denn ein verwunschener Garten, der die Villa umgab, bedurfte der ordnenden Hand. Das Dach leuchtete in freundlichem Rot, grüne Fensterläden standen gegen gelben Verputz, kurz eine ländliche Idylle trotz der Nähe der Weltstadt Paris. Und dort, sobald der Frühjahrssturm nicht mehr um die Ecken heulte, und erste Blumen und Blüten sich vertrauensvoll öffneten, brachte Jane eine Tochter zur Welt.
Fürst Schwarzenberg, nicht unbeeindruckt von dem Ereignis, warf einen zärtlichen Blick in die Wiege.
»Nun sind es zwei Damen, die zu besuchen es mich hierher zieht«, scherzte er, und zog tatsächlich bald die Konsequenz. Er kam mit Sack und Pack vors Haus gefahren und verkündete, anscheinend zu allem entschlossen:
»Jetzt hast du mich ganz auf dem Halse, Liebste, soll der Apponyi nach Wien melden, was immer er will!«
Es wurde eine herrliche Zeit, die die beiden gemeinsam verbrachten. Jane, wieder rank und schlank wie eh und je, war die zauberhafteste Geliebte, die ein Mann sich nur wünschen konnte. Für sie stand es fest, daß sie die große Liebe gefunden hatte, nach der sie so lange ge-

sucht. Und ohne jeden Zweifel bedurfte es nur noch der Scheidung aus London, daß sie Fürstin Schwarzenberg würde.

Felix hingegen, aus leichterem Holz geschnitzt als Jane, schien die Rolle des stolzen Vaters, des treuen Gefährten wie auch des unermüdlichen Liebhabers in vollen Zügen zu genießen, ja auf seine Art ein ungekanntes Glück zu empfinden, doch blieb es für ihn nur eine Rolle.

Was Felix Schwarzenberg wirklich erfüllte und ihr damit zur unerbittlichen Nebenbuhlerin wurde, entdeckte Jane zu spät. Es war die Politik.

Die Machenschaften des französischen Königs Karl X., vom Volk gehaßt, die daraus resultierende Julirevolution, der immer lauter werdende Ruf nach einem neuen Bonaparte, die Figur des schwachen Bürgerkönigs Louis Philippe, das waren Dinge, die Schwarzenberg in Atem hielten.

Natürlich gab es auch mit Jane gemeinsame Interessen, wurden Ausritte im Bois de Bologne zum gemeinsamen Erlebnis, verbrachten sie lesend und musizierend die kühlen Abende am Kamin, liebten sich und waren glücklich, aber ein bedrohlicher Schatten erhob sich zunehmend düster über ihrem Glück.

Wann immer Jane Felix bat, einmal Freunde einzuladen oder mit ihr Besuche zu machen, winkte er ab.

»Nein, nein, Liebste noch nicht, oder wird es dir schon langweilig mit mir allein?« Er lachte dann ihre Bitte einfach fort oder erstickte sie mit Küssen. Aber Jane, an Geselligkeit gewohnt, kam immer wieder darauf zurück.

»Ich könnte ein kleines Essen geben, ganz intim, nur zehn oder zwölf Personen ...«

»Nein, nein Liebes, so einfach ist das nicht. Paris ist nicht London. Wir sind nicht verheiratet, du lebst in Scheidung ...«

»Aber ich denke, Paris ist die Stadt der Liebe ...?«

»Der Liebe im geheimen, ja, der Toleranz nicht.«

Jane zuckte unter seinen Worten zusammen. Sie war zutiefst verletzt.

»Dann bin ich also nichts anderes als deine Maitresse? Man schweigt mich tot?«

Felix wand sich vor Verlegenheit, aber was Jane sagte, traf genau den Punkt. Madame de Granville hielt jede Woche Circle, andere Damen hatten ihre Salons, in denen sich alles traf, was Rang und Namen hatte. Auch Fürst Schwarzenberg erhielt goldumrandet regelmäßig Einladungen dazu, aber Lady Ellenborough wurde nicht einmal erwähnt. Verbittert nahm Jane es zur Kenntnis. Nur ein Trost hielt sie aufrecht: War sie erst einmal Fürstin Schwarzenberg – und nicht einen Moment zweifelte sie daran – dann würde sie es ihnen allen heimzahlen!

»Du wirst Karriere machen, Botschafter werden, Minister oder gar Kanzler, ich an deiner Seite und sie werden uns alle die Füße küssen ...«

Felix sagte nichts dazu. Aber er nahm gewissenhaft weiter alle gesellschaftlichen Kontakte wahr, um genau die Laufbahn einzuschlagen, die Jane vorschwebte. Nur eines kam anders, als sie sich vorgestellt hatte, ganz anders.

Der Himmel stürzt ein

Der Scheidungsprozeß Ellenborough gegen Ellenborough schlug in London hohe Wellen. Durch Janes endgültige Abreise sah der Lord keine Möglichkeit mehr, die Tatsachen zu vertuschen. Seine Anwälte sammelten hie Anschuldigungen, dort entlastende Argumente. Die Waage neigte sich zu Janes Lasten: Böswilliges Verlassen, Zusammenleben mit einem anderen Mann, dem Vater ihres Kindes, eine herzlose Mutter, die ihren Sohn kaltblütig in London zurückließ.

Jane, zu blauäugig und vertrauensvoll, hatte verabsäumt, sich einen Verteidiger zu bestellen und drohte nun, zwischen den Rädern der Justiz zermalmt zu werden. Aber irgendwie machte sich die öffentliche Meinung selbständig, sah in der jungen schönen Lady Jane eher das arme Opfer von Überheblichkeit und standesbewußter Arroganz. Wie konnte ein so viel älterer Ehemann seine Frau so vernachlässigen, sie schutzlos den Versuchungen und Vergnügungen einer leichtlebigen Gesellschaft aussetzen! Das Gericht, nicht ganz unbeeinflußt, sprach zwar die Scheidung aus, verurteilte aber Ellenborough, seine Frau finanziell zeitlebens sicherzustellen. Dem kam der Lord auf das großzügigste nach, indem er Jane 330 Pfund jährlich aussetzte.

Die Kunde von alledem traf in Paris ein, als Jane gerade im Garten die letzten Rosen schnitt.

Ihre Freude kannte keine Grenzen. Jetzt war alles in Ordnung. Sie mußte die gute Nachricht sofort ihren Felix wissen lassen. So tat sie, was er ihr strikt verboten hatte, sie ließ anspannen und fuhr in die Österreichische

Botschaft. Ohne abzuwarten, daß der Diener sie melde, stürmte Jane in Felix Arbeitszimmer.

»Die Scheidung, Felix! Endlich ist es soweit, Liebster, ich bin frei! Wir können heiraten!«

Sie sah wohl, daß er die Stirn runzelte, schob es aber auf ihren kleinen Ungehorsam. Was konnte es jetzt noch schaden, daß sie sich in seinen Diensträumen zeigte? Und sogleich hatte sich seine Stirn auch wieder geglättet, doch das Aufleuchten der Freude in seinen blaugrünen Augen blieb aus. Sie sahen Jane kühl und gemessen entgegen.

»Nun, Jane, Liebes ... an eine Ehe ist nicht zu denken! Du weißt, ich bin katholisch. Mein Glaube verbietet mir, eine geschiedene Frau zu heiraten.«

Über Jane stürzte der Himmel zusammen. Hatte sie Felix wirklich richtig verstanden? Seine nächsten Worte zerstreuten dann jeden Zweifel. Sie waren wie Salz in einer offenen Wunde.

»Ich fürchte, Jane, du hast dir da falsche Hoffnungen gemacht. Du selbst hast mir eine steile Karriere anempfohlen, wie sollte ich diese aber mit einer geschiedenen Frau an meiner Seite antreten? Nein, nein, meine Liebe, es war reizend mit dir, und ich werde dich niemals vergessen ...«

Plötzlich wußte Jane, dies war das Ende. Sie fühlte den Boden unter sich wanken, Bücher, Bilder, das Muster der seidenen Tapeten drehten sich um sie. Gewohnt, Schicksalsschläge tapfer hinzunehmen, konnte dieser Schwächeanfall nur anderes bedeuten. Sie war wieder schwanger. Um nichts in der Welt hätte sie dieses Geheimnis jetzt preisgegeben.

»Wenn dir unsere Liebe so wenig bedeutet, Felix«, sagte sie so leise, daß er sie kaum verstand, »ich werde dir nicht länger im Wege stehen ...« Nebel umgab sie, als sie sich umwandte und zur Tür tastete. Ehe sie sie hinter sich zuzog, hörte sie Fürst Schwarzenberg noch sagen: »Zu unserer Tochter stehe ich natürlich. Ich werde sie adoptieren und für sie sorgen.«

Ironie des Schicksals, daß dieses kleine Mädchen, Kind einer Liebe, die Jane noch heiß und voller Scham in der Brust brannte, den Namen Schwarzenberg tragen sollte, der ihr selbst verweigert blieb.

Wie Jane wieder in die Villa zurückgekommen war, konnte sie sich später nicht erinnern. Ihre Erinnerung setzte erst wieder ein, als sie sich im eigenen weißseidenen Bett fand, mit bleiernen Gliedern, wie aus tiefem Schlaf erwacht.

»Einen Löffel Fleischbrühe, Mylady«, sagte eine warme Stimme, »je vous en prie, Madame! Etwas müssen Sie doch zu sich nehmen!«

Jane rieb sich die Augen und das verschwommene Bild einer Gestalt an ihrem Bettrand nahm scharfe Konturen an. Es waren sehr hübsche Konturen, an den richtigen Stellen schlank oder mollig. Ein dunkler Wuschelkopf beugte sich zu ihr herab, und in einem runden Gesicht lächelten zwei meergrüne Augen und zwei hellrote Lippen gleichermaßen freundlich. Es war die Zofe Eugénie.

»Was ist, Eugénie, war ich krank?« fragte Jane.

»O ja, Madame, wir haben uns große Sorgen gemacht. Der Kutscher brachte sie bewußtlos nach Hause ... vor drei Tagen! Und der Arzt sagt ...«

»Ein Arzt war da? Hatte ich eine Fehlgeburt?«

»Nein, nein, Mylady, alles in Ordnung! Der Arzt sagt, es muß ein Schock gewesen sein, irgendein Schock ...«

Jane fiel alles wieder ein. Natürlich war es ein Schock gewesen, was sie in den Amtsräumen der Botschaft erlebt und erfahren hatte. Auch jetzt krampfte sich ihr Herz noch zusammen.

»War Seine Durchlaucht unterdessen hier?« fragte sie die Zofe.

»Nein, Madame, Seine Durchlaucht war nicht hier.«

»Und ... er hat auch keinen Brief hinterlassen?«

»Nein, Madame, keinen Brief!« Die Stimme der Zofe war voller Mitleid.

»Danke, Eugénie«, sagte ihre Herrin, »danke, du kannst jetzt gehen. Ich brauche dich nicht mehr.«

Eugénie knickste und wollte eben dem Befehl nachkommen, als Jane sie noch einmal zurückrief.

»Eugénie«, sagte sie, »du bist ein sehr liebes Mädchen, Eugénie. Und nun laß mich allein.«

Im Hause Thürheim

Für Jane, allein in Paris, enttäuscht und verlassen, von der Gesellschaft boykottiert, gab es nur ein Haus, das sich ihr gastlich und freundschaftlich öffnete.
Es war das Haus des alten Grafen Thürheim, der sich in Paris von einem langen Leben in bayerischen Staatsdiensten ausruhte. Der Graf, empört über das Verhalten Schwarzenbergs, die Gräfin, eine Seele von Mensch, luden Jane kurzerhand ein, bei ihnen Wohnung zu nehmen.
»Sie dürfen sich hier draußen nicht so vergraben, meine Liebe«, sagte Gräfin Thürheim, »noch dazu in dieser Villa, wo jeder Winkel mit unglücklichen Erinnerungen angefüllt ist!«
Jane, dankbar für das erste Verständnis, das ihr entgegengebracht wurde, lächelte unter Tränen.
»Es sind glückliche Erinnerungen, Gräfin, trotz des unglücklichen Endes, das sie gefunden haben ... aber ich nehme ihr Angebot dennoch gern an.«
Nur die Zofe Eugénie begleitete dann Lady Ellenborough in den nächsten Abschnitt ihres Lebens.
Die Thürheims führten ein sehr gastliches Haus, aber die Menschen, die sich dort trafen, entstammten weniger der vornehmen Gesellschaft als einem Kreis von Künstlern und Literaten, die gern diskutierten und sich im Gespräch geistige Anregung holten.
In einem solchen Kreis mitzureden, angehört zu werden, war für Jane eine gänzlich neue Erfahrung. Es war endlich der Fechtboden, auf dem sie die Klinge ihrer Intelligenz und ihres Wissens schärfen konnte.

»Guarda e passa!« zitierte sie einmal Dantes Wort, als einer der Gäste mitleidig Anteil an ihrem Schicksal nahm, »blick hin und geh vorüber!« Der Ausdruck ihres Gesichts zeigte dabei Triumph und bescheidene Tapferkeit in einem. Entschlossen, den rechten Abstand zu den Dingen zu gewinnen, zitierte sie noch einen anderen, der ihrem Leben Wegweiser war.

»›Wir alle sind von der Hand Gottes in die Mitte einer großen Bühne gesetzt‹, sagt Byron«, Jane zuckte leicht mit der Schulter. »Was aber gerade für ein Stück gegeben wird, das hängt nicht von uns ab.«

Sie gewahrte nicht gleich, daß einer der Anwesenden sie bereits seit geraumer Zeit mit seinen Blicken verschlang. Als sie endlich von diesen Blicken angezogen, sich ihm zuwandte, gewahrte sie ein markantes Gesicht, zwischen dessen spitzer Nase und spitzem Kinn ein wohlgepflegter Schnurrbart saß.

»Madame«, sagte eine reserviert hochmütige Stimme, »darf ich mich Ihnen vorstellen ...«

»Nein, nein«, unterbrach Jane erfreut, »sagen Sie nichts! Sie sind Delacroix, nicht wahr? Eugène Delacroix, der Maler der Revolution! Selbst in England kennt man Sie unter diesem Namen!«

»Nun, ich habe zwar mit viel Farbe der französischen Marianne die Trikolore in die Hand gedrückt, aber dennoch glaube ich nicht, daß dieser Name mir gerecht wird, Madame! Ich interessiere mich für das Muskelspiel eines Körpers, für den gestreckten Sprung eines Löwen, den schnellen Lauf eines Pferdes ... für die Schönheit der Frauen ...«

»Ich wollte den Bereich Ihres Könnens nicht einschränken Monsieur Delacroix, vergeben Sie mir mein Halbwissen!«

Jane reichte Delacroix ihre Hand zum Kuß, dieser aber hielt sie nur in der seinen, ohne sich zu einem Handkuß herabzulassen. Sein hochmütiger Blick suchte weiterhin jede Linie ihres schönen Gesichts zu erfassen.

Gräfin Thürheim als aufmerksame Gastgeberin bemerkte das Interesse ihres Gastes an der Engländerin und wußte, daß es seinem Ruf nach nicht nur künstlerischer Natur war.

»Hören Sie, Lady Jane«, unterbrach sie daher das Gespräch in guter Absicht, »nicht nur unter den Malern, auch an unserem Literatenhimmel ist in den letzten Jahren ein großer Stern aufgegangen.« Damit schob sie einen kleinen korpulenten Mann vor sich her, dessen Aussehen sicherlich weniger vulgär gewirkt hätte, wenn sein Äußeres nicht etwas schmuddelig, sein glattes, schwarzes Haar nicht strähnig und seine Kleidung ordentlicher gewesen wäre. Doch seine Augen hatten etwas Weiches, Träumerisches, wie auf ständiger Suche nach dem Wahren, Schönen, Guten.

»Darf ich Sie bekanntmachen, Lady Jane, mit Monsieur Honoré de Balzac?«

»Balzac!« rief Jane aus, »ich bin zutiefst entzückt, Monsieur ...«

Diesmal streckte Jane nicht vergebens ihre Hand aus, Balzac zog sie an die Lippen und küßte sie mit Bedacht.

»Lady Jane, das Entzücken ist allein auf meiner Seite ...«

Damit hatte Gräfin Thürheim eine Bekanntschaft hergestellt, die wohl mehr geworden wäre, hätte Balzac jene gewisse männliche Schönheit besessen. So aber wurde daraus eine Freundschaft – auf Jahre hinaus. Wo er ihr Verehrung und Leidenschaft entgegenbrachte, stand sie mit seiner fein empfindenden Seele in regem Austausch und inspirierte ihn zu seinem neuen Roman ›*Die Lilie im Tal*‹, in dem er ihr als ›*Arabella Dudley*‹ ein Denkmal setzte. Zärtlich und hellseherisch vorausblikkend beschreibt er ihr Wesen. *Schlank und zerbrechlich hat sie doch eine Konstitution von Eisen.*

Nicht ohne Absicht gab Balzac seiner Romanfigur den zweiten Namen ›*Dudley*‹, um auf Janes Sohn hinzuweisen, denn in eben diesen Tagen war die Nachricht eingetroffen, daß Arthur Dudley Ellenborough in London gestorben war.
Der Tod ihres Sohnes streifte Jane nur wie ein Hauch aus weiter Ferne. Sie war nicht der Mensch, der zurückblickt. In ihrem Leib war längst ein neues Leben bereit, sich in diese Welt zu drängen.

Einen ganz anderen Bekannten der Thürheims lernte Jane noch kennen, solange sie unter ihrem Dach lebte.
»Hat jemand Louis gesehen? Ist Louis schon gekommen?« hörte Jane eines Abends die Gräfin sich erkundigen. Sie steuerte zielstrebig durch die Fauteuils und Sitzgruppen, in denen ihre üblichen Gäste es sich rauchend und plaudernd bequem gemacht hatten.
»Nein, Madame, Louis haben wir noch nicht gesehen!«
»Er hat mir sein Erscheinen als sicher zugesagt!« rang Gräfin Thürheim die Hände, »gleich nach seiner Ankunft in Paris wollte er kommen ...«
Es gab eine kurze Unruhe am Eingang zum Salon wie nur ein verspäteter Gast sie verbreitet. Ein junger, lebhaft wirkender Mann trat ein, entschuldigte sich mit erhobenen Armen für seine Verspätung, und wurde

von der Dame des Hauses, die ihm ganz offensichtlich nicht zürnte, sogleich unter ihren Gästen herumgezeigt wie eine Trophäe.

»Mein liebes Kind«, sagte sie endlich zu Jane gewandt, »ich möchte Sie mit einem lieben Freund bekannt machen.«

Die blaßblauen Augen der Gräfin nahmen einen zärtlichen Glanz an: »Prinz Louis Napoleon Bonaparte!«

Jane rekapitulierte rasch, mit wem sie es zu tun habe. Kaiser Napoleon, in seiner Ehe mit Josephine kinderlos, zog seinen jüngeren Bruder Louis wie einen Sohn auf und verheiratete ihn mit Hortense, der Tochter Josephines, die diese mit in die Ehe brachte. Einem Sproß dieser Verbindung kam die Anrede ›Kaiserliche Hoheit‹ zu, aber Jane entschied blitzschnell, ihm dieses Prädikat nicht zuzugestehen.

Zu lebhaft war ihr in Erinnerung, daß ihr Vater mit der stolzen ›Aurora‹ unter Einsatz seines Lebens Napoleons Blockade gegen England durchbrochen hatte.

»Ich bin entzückt, mon prince«, murmelte sie stattdessen gesenkten Kopfes. Doch als sie aufsah, blickte sie in zwei lebhafte, intelligente Augen, deren warmes Braun sie an Frederick Madden erinnerte. Der Prinz kam ihr sehr jung vor und tatsächlich war er auf den Tag genau ein Jahr jünger als sie selbst. Er war nur knapp mittelgroß, zeigte eine frische Gesichtsfarbe und trug das mittelbraune, glatte Haar gescheitelt. Als Mann gefiel er Jane vom Fleck weg. Als politische Figur wußte sie ihn noch nicht so recht einzuordnen.

Gräfin Thürheim hingegen schien sich da ganz sicher zu sein.

»Die Hoffnung Frankreichs!« schwärmte sie euphorisch, »die Zukunft der Nation!«

Bescheiden wehrte Louis Napoleon die etwas hoch gegriffene Formulierung ab.
»Weder Hoffnung noch Zukunft dieses Landes«, rief er mit seiner hellen, fast noch knabenhaften Stimme, »für mich gilt es als Segen, daß zwischen mir und dem Thron – dem eventuellen Thron – noch zwei Anwärter stehen, der Herzog von Reichstadt und mein Bruder.* So kann ich mich auf meine Weise des Lebens erfreuen, anstatt der Sklave einer Mission zu sein.«
Er ließ, während er sprach, Jane nicht aus den Augen, die den Ausdruck höchster Bewunderung zeigten.
Im Laufe des Abends war Prinz Louis Napoleon immer wieder in der Nähe Lady Ellenboroughs zu finden.
»Was amüsiert Sie so, Lady Jane?« fragte er als er ein Lächeln auf ihrem Gesicht entdeckte.
»Ach«, meinte Jane und lachte nun wirklich, »mir kam eben der Gedanke, Hoheit, daß Sie wohl der einzige Mensch sind, der der Neffe seines Vaters und der Enkel seiner Tante ist!«
Da man ringsum ihren Worten gelauscht hatte, wurde das Gelächter allgemein. Jetzt mischte sich der Maler Delacroix mit ein und gab dem Gespräch eine andere Wendung.
»Sie werden sich nach Rom und Genf jetzt in Paris niederlassen, mein Prinz?«
Prinz Louis Napoleon sah nachdenklich den bläulich aufsteigenden Schwaden seiner Zigarre nach.

* Der ältere Bruder Louis Napoleons, der die gleichen Vornamen in umgekehrter Reihenfolge trug, also Napoleon Louis Bonaparte, starb noch im gleichen Jahr an Masern. Der Herzog von Reichstadt starb im Jahr darauf in Schönbrunn an einer nicht erkannten Tuberkulose. Damit war Louis Napoleon Bonaparte an die erste Stelle der Thronanwartschaft gerückt.

»Ehrlich gesagt, verehrter Meister, befinde ich mich in einem Dilemma. Durch meinen Namen bin ich viel, durch mich selbst nichts. Man hat mich aufgefordert, an einem Komplott gegen König Louis Philippe teilzunehmen. Das aber ist nicht mein Weg. Ich habe Seiner Majestät geschrieben mit der Bitte, mir die Tore Frankreichs zu öffnen, mir zu gestatten, wenn es sein muß, dem Vaterland als einfacher Soldat zu dienen ...«

Er brach ab, und das Schweigen der Tischrunde war beredter als jeder Beifall es sein kann.

Jane war beeindruckt vom Beweis der klugen Zurückhaltung des Prinzen einerseits, wie andererseits von seinem etwas stürmischen Idealismus. Einmal gereifter und erfahrener würde er sicher ein guter Politiker werden, sagte sie sich im stillen, und obendrein erweckt er meine Neugier, dieser Louis Napoleon Bonaparte.

»Es ist spät«, verabschiedete sich der Prinz für diesen Abend, »meine Mutter erwartet mich im Hôtel de Hollande, Sie hat um eine Audienz beim König ersucht und wartet ungeduldig auf die Antwort.«

Aber Louis Bonaparte kam wieder und wieder ins Haus der Thürheims, rauchte seine Zigarre, trank roten Wein, diskutierte und gestikulierte im Kreis der Künstler und Intellektuellen, und sein Blick suchte dabei stets den der schönen Lady Jane Ellenborough. In diesen Wochen wuchs zwischen ihnen jene Spannung, die eine Liebesbeziehung möglich macht, wenn sie eine Gelegenheit findet. In diesen Pariser Wochen des Jahres 1831 ergab sich keine Gelegenheit, schon deswegen nicht, weil Jane hochschwanger auf die Geburt ihres dritten Kindes wartete.

Erneut Aufregung gab es an einem späten Nachmittag im Mai. Der Prinz verabschiedete sich außergewöhnlich früh, nachdem er den Tee in Gesellschaft der Thürheims eingenommen hatte. Jedoch kaum eine Stunde später begehrte er erneut Einlaß.

Der Diener, der zu öffnen hatte, traute seinen Augen nicht.

»Um Himmels Willen, Kaiserliche Hoheit!«, rief er kopflos, da er den Anzug des Prinzen beschmutzt und zerrissen sah, den einen Ärmel aufgeschlitzt und darunter eine stark blutende Wunde am Oberarm. »Ich werde sofort die gräflichen Herrschaften ...«

»Nein, nein, bitte beunruhigen Sie niemanden, ich will nur ...« Louis schien einer Ohnmacht nahe.

»Um Gottes willen, Louis, mein Sohn, was ist Ihnen zugestoßen?« Gräfin Thürheim vom Ruf des Dieners alarmiert, eilte herbei.

»Was ist geschehen, mein Prinz?« wollte auch Jane wissen, beim Anblick des Prinzen nicht weniger in Sorge.

»Eine Demonstration auf dem Place Vendôme!« keuchte Louis, »ich weiß nicht einmal, wer gegen wen, jedenfalls erkannte man mich, manche schrien ›Es lebe Napoleon!‹, dann aber flogen Steine ...«

»Ja, ja, es brodelt im Volk«, bemerkte Graf Thürheim wenig originell, aber ebenfalls besorgt um den Gast und Freund.

Die Damen bemühten sich um die Wunde des Prinzen, der weniger unter den Schmerzen zu leiden schien, die diese ihm zweifelsohne bereitete, als unter der Situation als solcher.

»Ich ahnte es«, stöhnte er, »es ist zu früh! Zu früh für mich, zu früh für Paris! Die Zeit ist noch nicht reif, das Volk ist noch nicht reif! Ich habe mich geirrt ...«

Er wiederholte die gleichen Worte mehrmals, schien unter Schock zu stehen, Fieber schüttelte ihn, vielleicht als Folge des Blutverlustes. Kurz, er war ein kranker Mann.

Die Thürheims warteten die Stunde der Dunkelheit ab und ließen ihre eigene Kutsche vorfahren. Bei verhängten Fenstern, mit den innigsten Segenswünschen versehen, brachte der Kutscher den Prinzen auf Umwegen ins Hôtel de Hollande, wo Hortense Bonaparte ihn voller Unruhe erwartete.

Tagelang erhielten die Thürheims keinerlei Nachricht von ihrem Prinzen. Dann schickte er einen Boten mit einem kurzen Billet, dessen Text anscheinend noch vom Fieber diktiert war und von Dank, Freundschaft und Abreise sprach. Tatsache war: König Louis Philippe hatte Mutter und Sohn aufgefordert, Paris, ja Frankreich, sofort zu verlassen. Hortense entschied sich für London und brach sofort mit ihrem Sohn nach dorthin auf. Binnen vier Tagen erreichten sie Calais, der Prinz immer noch fiebernd, und überquerten den Kanal bei heftigstem Sturm.

Auch Jane erhielt noch einen Brief von Louis Napoleon. Als sie ihn erwartungsvoll aufriß, las sie nur ein einziges Wort: *Straßburg*.

Sie und der junge Prinz sollten einander noch einmal begegnen, ehe dieser Kaiser von Frankreich wurde wie ehedem sein großer Onkel.

Das Kind, das Jane unter der freundschaftlichen Obhut der Thürheims zur Welt brachte, war ein Mädchen. Es war überaus zart und schwächlich und daher nicht imstande, länger als ein paar Monate zu leben. Als man den kleinen weißen Sarg in die satte dunkle Erde hin-

unterließ, fühlte Jane das letzte Band, das sie an Paris fesselte, zerreißen.
Schwarzenberg hatte sie treulos verlassen und war unterdessen nach Wien zurückgekehrt, den Thürheims wollte sie nicht mehr länger zur Last fallen, und sonst hatte Jane, Honoré de Balzac ausgenommen, keine engeren Freunde in der Stadt gefunden. Sie war jung, schön, reich und unabhängig, die beste Voraussetzung, die Welt dort zu packen, wo es lohnte. Jane suchte die Herausforderung, um den eigenen Puls pochen zu hören, und noch immer war ihr Glaube unerschüttert, eines Tages der großen Liebe zu begegnen.
Welcher Ort also, welches Land war geeignet, in ihm das nächste Kapitel ihres Lebens zu schreiben?

»Fahren Sie nach München«, riet ihr spontan Graf Thürheim, der es wissen mußte, »eine Stadt im Aufbruch sage ich Ihnen! Und die Menschen dieser Stadt werden Sie mit offenen Armen aufnehmen, Lady Jane, Sie werden leben und vergessen können.«
Er hatte recht.
München stand derzeit im Ruf gesellschaftlicher und kultureller Blüte. Unter einem Herrscher wie König Ludwig I., Mäzen aller Künste, Förderer der Wissenschaften und Liebhaber schöner Frauen, konnte München sehr wohl der passende Rahmen für Janes nahe Zukunft sein. Sie überlegte nicht lange, sondern befahl ihrer Zofe Eugénie, die Koffer zu packen, mietete eine gut gefederte Berline mit Kutscher und einem Vierergespann braver Gäule und brach nach tränenreichem Abschied von den Thürheims zur langen und beschwerlichen Reise ins Bayerische auf.

Straßburg

Eine Dame, die es nicht sonderlich eilig hat, kann die Strecke von Paris nach München gut in zwei Wochen schaffen, ist sie aber obendrein auf ihre Bequemlichkeit bedacht, wird sie sich auf halber Strecke eine Rast von ein paar Tagen gönnen. Lady Jane Ellenborough wählte zu dieser Rast die Stadt Straßburg.

Das Jahr war sommerlich geworden, das Getreide reifte auf den schmalen Äckern der Bauern, hier und da waren sie schon mit ihrer kärglichen Ernte beschäftigt. Die Reisekutsche kam flott voran, vor allem dort, wo der Kaiser Chausseen gebaut hatte, um seine Armeen darüber marschieren zu lassen. Mit dem gemieteten Kutscher hatte Jane weniger Glück, ein mürrischer Mann, aber er tat seine Pflicht und brachte die stämmigen Pferde auf Trab, ohne ihnen zu viel zuzumuten. Neben dem Kutscher saß Goliath. Er war die neueste Errungenschaft Lady Janes. Goliath war Diener, Läufer, Pferdeknecht, alles in einem, und hatte dazu das wunderlichste Aussehen, das man sich nur denken konnte. Wo hatte sie diesen Goliath nur aufgegabelt? Das war nicht weiter schwer. In den Armenvierteln von Paris, wo Verkrüppelte und Zwielichtige wie die Ratten lebten, wußte immer jeder, wer wohin eine Reise zu unternehmen im Begriff war. Und wo ließ sich besser eine warme Mahlzeit für den Tag und ein Lager für die Nacht verdienen als bei einer Dame auf Reisen? Wurden also irgendwo Mietpferde angeschirrt und Koffer verladen, waren die zur Stelle, die ihr Glück auf diese Weise suchten.

Von krankhaft kleinem Wuchs und auf krummen, aber flinken Beinchen war es Goliath, der vor dem Haus Thürheim dienerte und buckelte.
»Zu Diensten, Madame, zu Diensten!« plapperte er und half den großen Korb mit Reiseproviant verstauen.
»Ich bin nicht die Madame«, hatte Eugénie gelacht, »auch nicht die Lady, du kleiner Wicht!«
»Dann lauf mal schnell, Mamsellchen und sag deiner Herrin, daß Goliath ihr seine Dienste anbietet, ganz gleich wohin die Reise geht, und sei es auch ein zweites Mal nach Moskau!«
»Nach Moskau? Wie kommst du Wicht auf Moskau?«
»War dort mit der Grande Armee, hab die Beresina überschritten und die Stadt brennen sehen, fünf lange Wochen hat sie gebrannt!«
Irgendwie gefiel der kleine Kerl der Zofe, so wurde sie seine Fürbitterin bei Jane. Lange hatte sie nicht für ihn zu bitten, denn Jane wußte um den Brauch reicher Leute, Zwerge oder auch Mohren in Dienst zu nehmen, je auffälliger desto besser.
»Kannst du mit Pferden umgehen?« war ihre einzige Frage und als der Zwerg bejahte, war er in Dienst gestellt.
Jane kleidete ihn in einen roten Frack, schwarz-weiß gestreifte Hosen und verpaßte ihm einen hohen schwarzen Hut mit Silberschnalle, der sein ganzer Stolz wurde.
So saß er denn beim Kutscher auf dem Bock und erwies sich als höflich, diensteifrig und geschickt, aber auch als pfiffig, schlau und unerschrocken, kurz als zu allem zu gebrauchen.
Eine Woche zogen so Felder, Chausseen und Landstraßen an den Reisenden vorüber, lehnte Jane nachdenk-

lich in den Polstern der Kutsche oder winkte den Bauern, die ihr winkten. Langsam aber erwies sich das Einerlei als ermüdend, und Jane war froh, daß man sich Straßburg näherte.
Die Pferde fielen in Schritt und sie schickte Goliath aus, Quartier zu machen. Dabei wiesen Frack, Hut und Silberschnalle ihn stets als Domestik hoher Herrschaft aus, und selbst der mißtrauischste Wirt spuckte sich in die Hände, alles aufs beste bereit zu haben, sobald die Kutsche eintraf.

Straßburg! Immer wieder las Jane das eine einzige Wort in großer fahriger Handschrift auf dem kleinen Billett, das sie seit Monaten bei sich trug.
Straßburg! Warum gerade diese Stadt? Louis Napoleon und Hortense waren nach London geflohen, das war erklärlich, denn Hortense reiste, wie Jane wußte, mit einem englischen Paß. Auch hieß es, sie seien längst zurück auf ihrem Schloß Arenenberg, das allerdings lag auf Schweizer Grund.
Das eine Wort auf dem Billett, das Jane in der Hand hielt, lautete aber Straßburg. Grübelnd sah Jane das Gesicht des Prinzen vor sich, als sie half, seine Wunde zu versorgen. Alle sonst so lebhafte Farbe war daraus gewichen, nur der Blick seiner dunklen Augen hatte wie flehend an ihr gehangen.
Straßburg! War es ein Wink? War es ein Ruf? Wollte sie denn ein Wiedersehen mit ihm? Und wenn ja, so war kein Datum angegeben, kein Treffpunkt! Nur der Zufall konnte ihr Verbündeter sein. Seufzend lauschte Jane dem Geräusch der Räder, die das Stadttor passierten und Straßenpflaster griffen.
›Mein Leben ist leer geworden‹, dachte sie, ›so leer …

was immer wirklich wieder leben bedeutet, soll mir willkommen sein!‹

Fast angriffslustig beugte sie sich vor, als endlich die Kutsche vor dem Gasthaus zum Stehen kam.

Goliath stand parat, den Schlag aufzureißen und den Tritt herabzulassen.

»Es ist alles bereit, Mylady! Zwei hübsche Zimmer für Eure Ladyschaft, Stall und Futter für die Pferde! Ich habe mir erlaubt, einen Imbiß für Eure Ladyschaft zu bestellen und heißes Wasser für ein Bad. Haben Mylady sonst noch Befehle?«

Während seines Geschwätzes betrat Jane das Gasthaus, begrüßt von den Wirtsleuten, begafft von etlichem Volk und stieg sofort die Treppe zu zwei wirklich hübschen Stübchen hinauf. Unter weiterem Geplapper dirigierte Goliath die Hausdiener mit dem Gepäck und breitete Eugénie Kleider und Wäsche aus den Koffern aus, jammernd über zerdrückte Spitzen und Volants.

»Man soll mir ein Bügeleisen bringen«, rief sie die Stiege hinunter, »heiß, aber nicht von Kohle geschwärzt!«

Jane fühlte sich bleiern müde, hätte sich am liebsten die Ohren zugehalten, aber sie meinten es ja beide gut, ihre emsigen Helfer. So trat sie dann ans Fenster und sah hinab über winkelige Dächer und Giebel der Stadt, hinter denen sich die Sonne in den Abend senkte.

›Irgendwo dort‹, dachte sie, ›unter einem dieser Dächer lebt er vielleicht, wartet vielleicht ... inkognito natürlich, denn Straßburg ist französischer Boden und der ist ihm noch immer verboten. Ich darf also nicht den Fehler machen, mich zu auffällig nach ihm zu erkundigen. Ich muß anders vorgehen ...‹

»Hört einmal her, ihr beiden!« wandte sie sich sehr

bestimmt an Diener und Zofe, »ich will, daß jedermann in Straßburg erfährt, Lady Ellenborough sei angekommen! Aber geht nicht umher und tratscht es aus, sondern tut geheimnisvoll und laßt es euch aus der Nase ziehen, versteht ihr mich?«
Und ob die beiden verstanden. Schon dem Wirt teilten sie umgehend mit, daß niemand erfahren solle, Lady Ellenborough sei in geheimer Mission eingetroffen, es gehe um Leben und Tod ... Nichts konnte diesen besser bewegen, es sofort in der Nachbarschaft weiterzuerzählen.
»Hört nur, Leute, eine vornehme Lady ... in meinem Haus ... in geheimer Mission ...«
Binnen vierundzwanzig Stunden wußte ganz Straßburg, daß Lady Ellenborough in seinen Mauern weilte. Nur einer schien es nicht erfahren zu haben, oder er war tatsächlich nicht in der Stadt: Prinz Louis Napoleon Bonaparte.

Ein zweiter und ein dritter Tag gingen zu Ende. Kein Lebenszeichen des Prinzen.
Jane wagte sich in die Wirtsstube und nahm am einzig leeren Tisch Platz. Das Gespräch an den anderen Tischen erstarb sofort, man grüßte ehrerbietig. Jane ließ sich vom Wirt ein leichtes Abendbrot servieren, und dieser brachte ungefragt noch schwarzen Kaffee und einen Likör.
»Bitten sich zu bedienen, Mylady, auf Kosten des Hauses!«
»Vielen Dank, Herr Wirt, ach übrigens ... ich reise morgen ab!« Jane teilte ihm ihren Entschluß mit, den sie erst diese Minute gefaßt hatte. Was sollte sie sich hier weiter zum Narren machen, auf einen Mann zu war-

ten, der sicherlich in seinem Arenenberger Schloß saß und sich mit keinem Gedanken mehr an die kleine Lady erinnerte, die er in Paris ein paar Abende angehimmelt hatte.

»Sagen Sie meinem Kutscher, er soll die Pferde in aller Herrgottsfrühe bereithalten«, vervollständigte Jane ihre Anweisungen. Ja, sie war entschlossen, gleich morgens aufzubrechen, wenn auch Eugénie wieder maulen würde, daß sie über Nacht alles packen, die schön gebügelten Kleider wieder in Koffer und Körbe verstauen mußte. Und wo steckte eigentlich Goliath, dieser kleine Filou? Immer, wenn man ihn brauchte, war er nicht da!

Genau da drängte sich ein roter Frack und ein hoher schwarzer Hut durch die Tische der Gaststube, und Goliath winkte voller Ungeduld seiner Herrin, ihm aus dem überfüllten Raum nach draußen zu folgen. Jane, nicht gewohnt, dem Wink eines Bediensteten zu gehorchen, aber dem kleinen Kerl von Herzen gut, erhob sich tatsächlich und tat ihm seinen Willen.

»Mylady!« flüsterte der Kleine draußen auf dem Korridor und reckte sich zwischen Schirmständer und Spucknapf auf Zehenspitzen, das Ohr seiner Herrin zu erreichen, die ihn um zwei Kopf überragte. »Mylady wollen verzeihen ... es überschreitet meine Kompetenz, aber ich dachte mir ...«

Er spähte vorsichtig, daß ja kein Lauscher in der Nähe sei.

»Raus mit der Sprache, Goliath, was dachtest du dir?«

»Der Prinz, Mylady! Seine Kaiserliche Hoheit sind in der Stadt!«

»Was? Was weißt du? Wo ist er? Sprich, du Zwerg! Hast du ihn etwa aufgestöbert?«

Natürlich hatte Goliath seine Kompetenzen überschritten. Auszuposaunen, daß seine Lady da sei, hatte er Auftrag, kein Wort aber hatte Jane dem kleinen Mann darüber verlauten lassen, daß es um ein Rendezvous ging und schon gar nicht mit wem. Aber ein Überleben in den Gassen von Paris, in denen Goliath aufgewachsen war, erforderte Kniffe und Finten, schärfte die Sinne, aber auch den Verstand.

So hatte er Eins und Eins zusammengezählt und war losgerannt auf seinen krummen Beinchen und erst zurückgekommen als er erfuhr, was er erfahren wollte. Und hier war er, auf Zehenspitzen, seiner Herrin ins Ohr zu raunen:

»Er hat eine Wohnung in der Rue du Jardin, nahe der Kaserne des vierten Artillerieregiments ...«

Ah, das war es also! Es fiel Jane wie Schuppen von den Augen. Das vierte Artillerieregiment war seit der Schlacht bei Toulon als bonapartistisch verschrien und dessen Kommandeur, einen Oberst Vaudrey, hatte der Prinz einmal seinen Freund und Vertrauten genannt. Hier sollte also etwas ausgekocht werden, war Jane sich sicher, aber an Politik wollte sie jetzt wirklich nicht denken.

»Weiter, Goliath, weiter!« drängte sie den Diener.

»Ein billiges Quartier, Mylady, drei Treppen hoch. Man sagt, der Prinz sei nicht begütert. Er wird wohl Hilfe brauchen.«

»Goliath! Prachtskerl!« rief Jane aus und umarmte den Zwerg wie man ein Kind umarmt. »Führ mich zu ihm! Gleich jetzt!«

Sie liefen nebeneinander, nicht wie Herrin und Diener, eher wie zwei Verschworene, zum Hintereingang hinaus, über den Gespannhof, der zu dieser Zeit verlassen dalag, durch Gassen, über Brückchen, straßauf, straßab, bis in ein vierstöckiges Haus der Rue du Jardin. Eine Stiege mit einem Eisengeländer führte bis hinauf unters Dach. Längst war es draußen dunkel geworden, so konnte Jane kaum etwas erkennen, als sie emporblickte.

»Im dritten Stock sagst du?« wollte sie sich nochmals versichern.

»Ja, Mylady. Im dritten Stock. Eine Glocke ist da.«

»Du wartest hier!« wies sie Goliath an und betrat entschlossen die ausgetretenen Stufen der Stiege. Ihr klopfte das Herz einmal wie der Klöppel von Notre Dame, dann wieder wie das Schellengeläut einer Narrenkappe. Was würde sie dort oben erwarten? Die Erfüllung zärtlicher Hoffnung? Oder nüchternes Erwachen aus romantischer Phantasie? Spott und Hohn gar oder kühle Abweisung? Oder einfach nur eine verschlossene Tür, die niemand öffnete? Erster Stock, zweiter Stock, die Stufen waren steil, Jane mußte Luft schöpfen. Dritter Stock, dort war die Glocke. Noch einmal holte Jane tief Atem, dann zog sie an der Glocke. Ihr Scheppern erklang peinlich laut. Jane wartete. Es war still hinter der Tür, dann Schritte und ganz fein der Duft einer Brasilzigarre ... Die Tür schwang auf.

»Sie wünschen ...?« Und dann das Erkennen. »Jane! Du bist gekommen! Oh, meine Jane, wie habe ich darauf gehofft ...!«

Längst hatten zwei Arme sie umschlungen und hielten sie zärtlich, während unter Ausrufen der Freude tausend kleine Küsse stürmisch ihr Gesicht bedeckten.

Zwölf Tage blieb Jane in Straßburg. Zwölf Tage herzlicher Zuneigung, beglückender Übereinstimmung und Harmonie, zwölf Tage voll unersättlicher Leidenschaft. Dann, wie Blumen welken, Früchte überreif zu Boden fallen, nach einem langen Tag die Sonne untergeht oder das Lied eines Vogels abreißt, war es plötzlich zu Ende. Louis Napoleon Bonaparte träumte sich, die Trikolore über dem Haupt, weit fort in eine hoffnungsvolle Zukunft, und Jane lauschte dem Ruf der Ferne, wie ihn die Wildgänse im Frühjahr vernehmen oder die ziehenden Herden der unendlichen Weiten dieser Erde.

München

Laut rumpelnd passierte die Kutsche das Stadttor. Der Kutscher fluchte und knallte mit der Peitsche, aber die Pferde waren so müde, daß aller Peitschenknall nichts nützte.

»Laß Er's gut sein, Kutscher«, kam beruhigend eine weibliche Stimme aus dem Wageninneren, und ein Handschuh winkte wie bestätigend zum Fenster heraus. »Acht Stunden sind sie wacker getrabt und werden das letzte Stück im Schritt noch schaffen. Fahr Er in die Kaufinger Straße! Im ›Schwarzen Adler‹ hab' ich Zimmer bestellt.«

Dem Kutscher ging es ganz gegen die Ehre, so in eine Stadt einzufahren. Er schwang wieder die Peitsche, um die Pferde wenigstens in Zuckeltrab zu bringen, links herum und rechts herum, das hochbeladene Gefährt ächzend und schwankend, die Räder häßlich quietschend, da die Radnaben dringend Fett brauchten. Staub lag in dicker Kruste auf dem brüchigen Lederverdeck, auf Koffern, Körben und Kasten, die überall verschnallt und verzurrt waren, und Staub machte die Fenster der Kutsche so undurchsichtig, daß neugierige Blicke der wenigen Passanten nichts dahinter entdekken konnten. So war es nicht gerade ein prächtiger Einzug, den Lady Jane Digby-Ellenborough eines späten, sommerlich launenhaften Nachmittags im bayerischen München hielt. Der Kutscher brauchte kaum die Leinen anzuziehen, die Pferde blieben, müde wie sie waren, von ganz allein stehen. Doch dann stieß von den neugierig Umherstehenden einer den anderen an

und wies auf den Kutschbock. Von dort stieg nicht nur der Kutscher bedächtig herab, sondern viel flinker als der, ein Männlein im roten Frack, wie man es höchstens auf dem Jahrmarkt einmal gesehen, klein, verwachsen, mit krummen Beinen, und wie zum Ausgleich einen hohen schwarzen Hut auf dem Kopf.
Das war doch mal etwas! Und rasch verbreitete sich die Nachricht, im ›Schwarzen Adler‹ sei eine vornehme Dame abgestiegen, mit einem eigenen Zwerg!
Das war Lady Jane Ellenborough nur recht, ja sie war entschlossen, noch mehr zu tun, um recht bald die Aufmerksamkeit der Stadt auf sich zu lenken, nicht nur ihrer Bürger, sondern vor allem die des Hofes und seines Monarchen König Ludwig I.

Nach unruhiger Nacht, in deren Träume sich noch immer das tagelange Rütteln der Kutsche mischte, fremde Geräusche ins offene Fenster drangen und der Schlaf erst lang nach Mitternacht kam, wurde Jane von vielfachem Glockengeläut geweckt. Frauenkirche und Sankt Kajetan dröhnten im Wettstreit, und Sankt Johann Nepomuk bimmelte dazwischen. Jane läutete nach ihrer Zofe, doch wer nicht kam, war Eugénie. Die huschte längst durch die Straßen der fremden Metropole, horchte hier und lauschte dort, reimte das Gehörte zusammen und eilte, da sie die Stunde schlagen hörte, fast im Laufschritt wieder in den ›Schwarzen Adler‹.
»Wo bleibst du nur?« wurde sie von Jane in hellem Aufruhr empfangen. »Ich reiße fast den Klöppel von der Glocke, aber nur die Hausmagd läßt sich blicken!«
»Verzeihen Sie, Mylady, die Verspätung! Doch bringe ich allerlei Neues, was Mylady interessieren wird.«

Und noch atemlos vom Laufen berichtet sie, was sie gehört: Der König, so hieß es, liebe es, sich zwanglos unter sein Volk zu mischen und bei schönem Wetter gar im Hofgarten bei ›Tambosi‹ seinen schwarzen Café einzunehmen wie jeder andere Bürger auch.

»Das, Mylady, wäre doch eine Gelegenheit für Mylady, sich Seiner Majestät bemerkbar zu machen. Und wenn, Mylady, wie man ferner sagt, der König empfänglich für weibliche Schönheit ist, dann tut sich alles weitere wie von allein ...«

»Du meinst, ich sollte ...?« Jane überlegte eine Weile, aber sie konnte an dem Rat der Zofe nichts Verfängliches finden. Es war Sommer, man spazierte ohnehin im Hofgarten und führte die neuesten Moden aus. Da konnte eine Dame in der allerneuesten Pariser Creation, einem Kleid mit der eben in Mode kommenden ›Sanduhrsilhouette‹, gefertigt aus einfachem geblümten Kretonne, dazu einem Hut mit Reiherfedern auf den goldblonden Stecklocken, einem koketten Sonnenschirm mit breiten Volants, ganz sicherlich mittun und würde dem Beschauer gewiß auffallen.

Jane ließ sich in dieser Weise von ihrer Zofe herrichten und begab sich zur günstigsten Stunde in Tambosis berühmtes Gartenlokal, wählte dort einen Tisch im Halbschatten, ganz in der Nähe jenes Tisches, den der Wirt, nach Empfang eines Goldstücks, diskret als ›reserviert‹ bezeichnete.

»Für einen ganz besonderen Gast«, raunte er hinter vorgehaltener Hand der Dame noch zu und brachte sogleich Kaffee und zuckersüße kleine Kuchen.

Jane kostete von den Kuchen und nahm kleine Schlucke Kaffee. Neugierige Blicke ringsum ignorierte sie gelassen. Sie wartete. Und richtig, die Rechnung der Zofe Eugénie ging auf. Der König, in schlichtem Zivil – schwarzer Rock und hoher Zylinder –, aber unverkennbar der König, erschien im Gefolge einiger Offiziere, nahm am bezeichneten Tisch Platz und nicht lange, so hatte sein Kennerblick die fremde Lady entdeckt. Ein dezenter Gruß von Tisch zu Tisch, den die Lady mit einem unmerklichen Nicken unter dem Rand ihres federgeschmückten Schutenhutes hervor beantwortete. Dann drüben am Tisch ein Flüstern der Herren untereinander, einer der Offiziere erhob sich, kam auf den Tisch der Dame zu, verneigte sich kurz und schlug fast preußisch die Hacken zusammen. Es war der Flügeladjutant des Königs.

»Seine Majestät bittet die Dame um die Ehre, sich Seiner Majestät vorstellen zu lassen«, schnurrte er sein Anliegen herunter.

Die Dame zögerte angemessen, wobei ein zartes Erröten ihr Zögern noch züchtig unterstrich. Doch dann nahm die Dame an.

»Sagen Sie Seiner Majestät, ich sei mir der Ehre bewußt ...«

Der angedeutete Hofknicks am benachbarten Kaffeehaustisch gelang dann meisterhaft, König Ludwig erhob sich höflich und küßte der Dame die behandschuhte Hand.

»Lady Jane, ich bin entzückt ...« Ludwig strahlte aus intensiv blauen Augen seinen Gast an. Sein Haar war leicht gewellt und etwas schütter, auch der Oberlippenbart und der kleine Büschel am Kinn. Seine Nase sehr lang, aber gerade. Ludwig, Mitte Vierzig, war kein häßlicher Mann. »München soll Ihnen die Heimat werden, Lady Jane, die Ihnen Frieden, Freude und Freunde bringen soll!« sagte er herzlich.

Längst wußte Ludwig, wer die entdeckte Schönheit war. Nicht nur sein ehemaliger Minister und Vertrauter Thürheim hatte ihm das Auftauchen eines neuen Sterns angekündigt, sondern was wäre ein königlicher Flügeladjutant, der nicht genau wußte, wer gestern im ›Schwarzen Adler‹ eingetroffen war.

Jane war am Ziel ihrer Wünsche angelangt, und München hatte eine neue Sensation. Noch in der ersten Woche nach ihrer Ankunft in der ihr völlig fremden Stadt, erhielt sie eine Einladung bei Hof, und wurde dort auch der Königin vorgestellt. War Jane bisher nicht ganz klar gewesen, wie Ludwig von Bayern seine geradezu sprichwörtliche Vorliebe für weibliche Schönheit mit der ungeleugneten Tatsache einer gut geführten Ehe vereinbarte, so begriff sie die Zusammenhänge sogleich, als sie aus tiefem Hofknicks auftauchend, ihrer Majestät von Auge zu Auge ins Gesicht sah. Königin Therese, eine geborene Prinzessin von Sachsen-Hildburghausen, Ende dreißig zu dieser Zeit, schien sich klug innerhalb der Grenzen zu halten, die Ludwig ihr bereits als Bräutigam vor zwanzig Jahren zugewiesen hatte. Herz, Verstand, ja auch eine gewisse Schönheit hatte er ihr bestätigt, aber seine Eheschließung mit ihr als leidenschaftslos bezeichnet.

Erschaffen zur Königin, zu treuer Freundin durchs Leben ... bescheinigte Ludwig, warnte aber von Anfang an vor überspannten Erwartungen. *Seligkeit gibt es nicht auf Erden, auch in der Ehe nicht!* schrieb er damals der Prinzessin und gestand gleichzeitig: *Weit bin ich entfernt von Vollkommenheit! Präge dir das tief ein, meine Therese, deiner Zukunft Glück hängt davon ab.* Sie wußte also, was sie zu erwarten hatte und machte gute Miene zum sicher manchmal bösen Spiel.

So war es eben diese gute Miene, die Jane voller Neugier und mit gewohnter Langmut entgegenblickte.
»Willkommen in München, Madame! Graf Thürheim, unser gemeinsamer Freund, hat uns emphatisch Ihre Schönheit gerühmt, und ich sehe, daß er nicht übertrieben hat.«
»Majestät sind zu gütig!« Errötend hielt Jane ihren Kopf gesenkt.
Ein Funke von Sympathie war zwischen den beiden Frauen übergesprungen und ließ versöhnlich anklingen, was sich in diesen Tagen entwickelte.

König Ludwig und Lady Jane Ellenborough waren unzertrennlich geworden. Selbst in der Öffentlichkeit zeigte der Monarch sich, wo er nur konnte, mit der schönen Lady. Sie fuhren gemeinsam in offener Kutsche durch die Straßen Münchens, und er erklärte ihr seine Bauvorhaben, seine Träume und Pläne, mit denen er seine Stadt zu verschönern beabsichtigte. Eine ganz neue Prachtstraße, schon halb fertiggestellt, sollte vom Schwabinger Tor in nördlicher Richtung bis nach Schwabing hinein führen. Noch waren rechts und links die Neubauten im Werden, ihre strengen Fassaden zeigten eine Mischung aus klassizistischer Kühle und neuem Mittelalter.
»Gefällt Ihnen die Anlage, Lady Jane?« fragte der König wie ein Kind, das auf Beifall hofft. Und Jane beeilte sich, den Beifall reichlich zu spenden.
»Wundervoll, Majestät, ganz wundervoll! Die ganze Planung, so großräumig erdacht, so monumental angelegt!«
Ludwig freute sich. Eifrig erläuterte er weitere Vorhaben.

»Sehen Sie, Lady Jane, dort am Kopf der Straße, querstehend, will ich eine Gedenkhalle bauen, ganz nach dem Vorbild der Loggia dei Lanzi in Florenz, meine Feldherrenhalle!«
»Generationen, Majestät, werden die Kultur und die Schönheit dieser Stadt mit Ihrem Namen verbinden!« lobte Jane nicht ganz frei von Schwärmerei.
Plötzlich fühlte sie ihre Hand von den Händen des Königs umschlossen. Er neigte sich nahe zu ihr.
»Jane, liebe Jane, ich fühle, wie unsere Gedanken den selben Weg nehmen, den Weg zu Harmonie und Vollkommenheit! Jane, ich fühle den Gleichklang unserer Seelen! Jane, ich will für Sie nicht der König sein, der Herrscher, der Monarch! Ich will dein Freund sein, Jane, bitte! Dein Freund Ludwig ...«
»Aber Sire ...« flüsterte Jane nun doch erschrocken.
»Nein, Jane! Einfach Ludwig. Sag es. Ich will es hören ...«
»Ludwig«, kam es leise von Jane. Auf ihren Lippen lag leicht ein Lächeln des Triumphes, als sie sich in die rotsamtenen Polster des Landauers zurücklehnte. Sie hatte alles erreicht, was man in dieser Stadt erreichen konnte. Nur eines stand noch aus, und es erfolgte sehr bald. König Ludwig bat Jane, seinem Hofmaler Stieler zu einem Portrait zu sitzen. Das bedeutete in die von König Ludwig geplante und schon weitgehend in Angriff genommene ›Galerie der Schönsten der Schönen‹, wie er sie nannte, aufgenommen zu werden. Jetzt schon, da sie erst dreizehn Bildnisse umfaßte, war die Sammlung weit über die Grenzen Bayerns hinaus bekannt und berühmt.
»Bitte, meine Liebe, tu mir den Gefallen. Ich weiß, es wird anstrengend für dich. Der Meister ist unerbittlich,

wenn er malt. Aber ich komme, so oft ich nur kann, dir im Atelier Gesellschaft zu leisten!«

»Ich werde es tun, Ludwig«, versprach Jane und schickte dem König aus ernsten Augen einen Blick, genau wie ihn der Meister dann auf die Leinwand bannen sollte.

Aber nicht nur seine Träume offenbarte Ludwig I., von Bayern in diesem Sommer seiner Freundin Jane Ellenborough. Auch über seine Sorgen sprach er, teils im Plauderton, teils unter Seufzern.

»Ich gerate in letzter Zeit mehr und mehr mit dem Fürsten Metternich aneinander«, gestand einmal der König, »dieser Mensch ist mir zuwider.«

Jane, die selbst ein Opfer Metternichscher Politik geworden war, aber ebenso durch Schwarzenberg viel Lobenswertes über den Fürsten gehört hatte, wollte nicht weiter auf das zweischneidige Thema eingehen.

»Nun, man sagt, er sei ein Mann von großem Charme«, erwiderte sie ausweichend.

Aber jetzt kam Ludwig erst recht ins Reden.

»Mit seiner starren Haltung hat er Deutschland den Boden zur Uneinigkeit bereitet«, klagte er ihn an, »ein Boden, auf dem Hader und Zwist üppig gedeihen.«

»Man darf nicht vergessen, Majestät, daß er Geist und Körper einer der schwächsten Kaiser sein muß, die der Habsburger Thron je hatte.«

»Und eben das nutzt er praktisch zur Alleinherrschaft«, ärgerte Ludwig sich offensichtlich, »Alleinherrschaft in ganz Europa, wenn es nach ihm ginge!«

»Majestät müssen bedenken, daß der Fürst sich großen Verdienst um die endgültige Niederwerfung Napoleons erworben hat!«

Diesmal ging Ludwig nicht auf die Sache ein, sondern spielte den Gekränkten.

»Majestät! Wir waren schon bei Ludwig und Du! Bin ich denn nicht mehr dein Freund, meine Janthe?«

»Der teuerste Freund, den ich je hatte ... Ludwig!« beeilte sich Jane, ihn zu trösten, wobei ihr die so sehr persönliche Anrede noch immer schwer von der Zunge ging. Ludwig aber kam noch einmal auf das Thema Politik zurück.

»Du weißt, Janthe, ich glaube fest daran, daß Süd und Nord sich einmal fest zu einem Land zusammenschließen werden. Ich habe es einmal in ein Gedicht gefaßt, das mit den Zeilen endet: *Als Brüder auf das innigste verwandt, gehören wir alle einem Vaterland!«*

Jane wußte, daß Ludwig alles und jedes gern in Verse faßte, endlose Strophen, deren langatmigem Vortrag man geduldig zu lauschen hatte. So war sie froh, daß er in Prosa jetzt sich einem anderen Thema zuwandte.

Es hatten sich erneut politische Gewitterwolken über Griechenland zusammengebraut, seit eine Gruppe Exilgriechen von Rußland aus den Widerstand gegen hundert Jahre Türkenherrschaft in der Heimat schürten.

Ludwig, leidenschaftlich involviert in alles Griechische, war sich mit den europäischen Großmächten darin einig, daß ein König aus ihren Reihen her mußte, um das einmal befreite, jedoch widerspenstige Volk der Hellenen zu regieren.

»Ich dachte an meinen Sohn Otto ...« gestand Ludwig zögernd ein, »was sagst du dazu, meine Janthe?«

In seiner Begeisterung münzte er sogar den Namen Jane ins griechische ›Janthe‹ um.

Jane oder Janthe also war sich der Verantwortung bewußt, mit der sie ihre Antwort abzuwägen hatte. Sie war Otto, dem jüngeren Bruder des Kronprinzen, bei Hof begegnet. Der etwas gehemmt wirkende Junge von nicht allzu brillanter Intelligenz, hatte sie durch seinen liebenswürdigen Charme entzückt.

»Nun ...« meinte Jane, »eine Aufgabe von höchster Ehre für das Haus Wittelsbach, gewiß, aber ob gerade Otto der Belastung standhalten wird?«

Diese Unterhaltung fand bei einem ganz intimen Besuch in ihrer Wohnung statt, die Lady Ellenborough längst gegen die Zimmer im ›Schwarzen Adler‹ eingetauscht hatte. Bei einer Tasse englischem Tee saßen der König und seine Vertraute im hellblauen Salon, und wer immer unvermutet eingetreten wäre, hätte anderes gefunden als erwartet. Nicht Amor, sondern Psyche regierte die Freundschaft dieser beiden so verschiedenen Menschen. So suchte der König trotz aller Freude an weiblicher Schönheit Übereinstimmung der Seelen und geistigen Austausch im Gespräch.

»Man müßte ihm eine resolute Königin an die Seite geben«, überlegte Ludwig, »wir stehen in Verhandlung mit dem Haus Oldenburg ...«

»Aber Majestät« entfuhr es Jane ganz gegen die Abmachung, »Otto ist erst fünfzehn ...!« Zu heftig überfiel sie die Erinnerung an die eigene Ehe, die zu früh und ungefragt für sie arrangiert worden war. Jane, stets aufrichtig und geradeheraus, konnte diesmal nicht zustimmen. »Majestät ... Ludwig, eine Verbindung ohne Herz und Gefühl kann nicht stützen und beistehen, wie es ein so schweres Amt erfordert! Otto, guten Willens, aber sensibel und zerbrechlich, bedarf mehr als andere der Liebe, um zu bestehen ...«

Ludwig, wissend, wie recht sie hatte, doch nicht frei von Ehrgeiz, widersprach dies eine Mal energisch.

»Jane, das ist zwar freiheitlich gedacht, aber durch mannigfache Beispiele in der Geschichte widerlegt.«

Er führte Katharina II. an, sie setzte Maria Theresia dagegen, und die Kontroverse endete in versöhnlichem Lachen.

Jedesmal wenn Ludwig Jane verließ, fühlte er sich entspannt und ermutigt zugleich und somit aufs neue gerüstet für die mannigfachen Aufgaben, die der Alltag ihm stellte. Er war ihr dankbar und von Herzen zugetan, und Jane war zweifelsohne in dieser Saison die Frau an des Königs Seite. München reagierte darauf so eminent, wie London reagiert hatte, als Jane Lady Ellenborough wurde.

Es gab kein großes Haus, keine bessere Familie, die Jane nicht einlud oder um die Ehre bat, empfangen zu werden. Wieder war Jane der bewunderte und umschwärmte Mittelpunkt einer genußsüchtigen wie auch intriganten Gesellschaftsschicht. Und Jane füllte diesen Mittelpunkt mit einer Eleganz und einem Luxus aus, wie ihn sich nur eine so reiche Frau leisten konnte. Fast täglich probierte sie neue Kleider, neue Moden, Hüte, Kragen, Spitzen und Pleureusen. Die Mietkutsche hatte sie längst durch eine eigene ersetzt, den Kutscher in eine prächtige Livree gesteckt und ein rassiges Vierergespann von blankweißen Schimmeln erstanden. Wo immer das elegante Gefährt auftauchte, innen mit blauem Samt ausgeschlagen, oben auf dem Bock der längst stadtbekannte Zwerg im roten Frack, da winkten die Passanten und jubelte das Straßenvolk. Ein jeder kannte die schöne englische Lady und was noch mehr zählte, ein jeder mochte sie, denn sie galt als freundlich und offen, als klug und besonnen, was ihren Einfluß auf den König anbetraf und damit einen kurzen heißen Sommer lang auch auf die Geschicke Bayerns.

Ein Platz in der Schönheitsgalerie

»Madame! Können Sie nicht einen Augenblick wenigstens noch still sitzen?« Der bayerische Hofmaler Joseph Karl Stieler hob ungeduldig beide Hände, in denen er Pinsel und Palette hielt.

»Können wir nicht eine kleine Pause machen, Meister?« bat sein Modell fast flehentlich, »mein Nacken ist schon ganz steif vom langen Sitzen.«

»Tut mir leid«, brummelte der Maler, »aber Euer Ladyschaft Schönheit einzufangen ist nicht ganz leicht und bedarf beiderseits noch etwas Geduld.« Seit Tagen hatte Stieler sich mit den mattschimmernden Goldtönen des Haares und dem eigentümlichen Violett der Augen, dem Marmorglanz der Haut und das alles vor fernem nachtdunklen Horizont, herumgeplagt. Jetzt legte er, noch immer nicht besänftigt, den Pinsel beiseite und trat ans Fenster. Viel zu grell fiel spätsommerliches Sonnenlicht durch die Schräge der riesigen Atelierfenster. Mit einem Ruck zog der Meister am schweren rotsamtenen Vorhang. So war es besser. Die Konturen des Gesichts wirkten milder, die Farben wärmer, und zudem wurde ein Teil des Vorhangs selbst zum Hintergrund des Bildes. Eifrig fuhr der Pinsel wieder über die Leinwand, tupfte hier und strichelte dort, und immer wieder glitt der Blick des Meisters über den oberen Rand des Spannrahmens, um abwägend das Modell zu umfassen. Wie schön war sie, diese Lady Ellenborough, die zu malen sein Brotherr und König ihm befohlen hatte.

In diesem Moment wurden draußen Schritte und

Stimmen laut, Lady Janes Zofe, stets bei den Sitzungen mit dabei, öffnete die Tür einen Spalt und lauschte ins Treppenhaus.

»Was ist, Eugénie?« forschte Jane und reckte sich aus der ihr vorgeschriebenen Position, halb mit dem Rücken zur Staffelei sitzend, das Profil voll dem Beschauer zugewandt. »Was gibt's, Mädchen?«

»Besuch, Mylady! Der König! Die Herren sind schon auf der Treppe.« Die Zofe zog den Kopf zurück und sofort wurde die Tür gänzlich aufgestoßen.

Der König stand auf der Schwelle, in den Augen den verschmitzten Ausdruck von jemandem, der einen Spaß versteht und soeben einen solchen plant. Den Herren, die mit ihm gekommen waren, bedeutete er, zurückzubleiben und trat selbst mit ausgestreckten Armen ein.

»Verehrter Meister, bei diesem Wetter so unermüdlich an der Arbeit?«

»Ich bemühe mich, Euer Majestät zu Diensten zu sein«, brummelte Stieler wieder, wenig beeindruckt vom Auftauchen seines Landesherrn, eher verärgert über die neuerliche Störung.

»Aber, aber, lieber Meister, haben Sie doch Mitlied mit Ihrem Opfer! Ich wollte es Ihnen gerade entführen. Die Sonne scheint und ich bin auf dem Weg in den Hofgarten zu einer Schale Kaffee. Ich wäre Ihnen dankbar, wenn Sie Mylady für heute beurlauben wollten.«

Trotz der an Stieler gerichteten Worte hatte Ludwig keinen Blick für ihn. Er war zu dessen Modell getreten und über die Hand der Dame gebeugt flüsterte er leise mit ihr.

»Liebste Jane, ich verzehre mich danach, mit dir an meiner Seite den Münchnern Stoff zu weiterem

Klatsch zu liefern! Komm mit mir auf eine Promenade!«
»Ich bitte Euer Majestät! Der Meister wird grollen!« lachte Jane, angesteckt von des Königs guter Laune.
»Nicht Majestät, meine Liebe! Wir waren schon bei Ludwig und beim Du, wenn wir allein sind.«
»Wir sind nicht allein, Majestät!« gab Jane mit einer vielsagenden Kopfbewegung zur Staffelei hin zu bedenken.
»Oh, das ist nur Stieler«, rief der König nun nicht mehr flüsternd, »er liebt das Schöne so wie ich. Doch er ist glücklicher daran, er kann die Schönheit festhalten.«
»Majestät!« rief auch Jane und errötete leicht, denn Komplimente konnten sie noch immer freuen.
»Mylady, kommen Sie! Auf uns wartet der große Auftritt vor buckelndem Publikum und vielsagendem Flüstern hinter den Kulissen. Nehmen Sie meinen Arm, meine Liebe . . .!«

Stieler, allein zurückgeblieben im großen, lichten Atelier, nahm wieder Pinsel und Palette auf. Vorsichtig zog er die feinen Linien des Nackens und der Schultern noch einmal nach, setzte einen bläulichen Schatten gegen Schläfe und Wange und legte einen Hauch von Rosenrot auf die vollen geschwungenen Lippen.
Dann trat er zurück und betrachtete sinnend das Gesicht, das ihm von der Leinwand her entgegenblickte. Er hatte schon viele schöne Gesichter im Auftrag des Königs gemalt, darunter Damen wie Amalie von Kruedener einer Schwester der unglücklichen Königin Luise von Preußen, eine Gräfin Tauffkirchen zu Guttenberg, das Fräulein Charlotte von Hagn, auch bürgerliche Schönheiten wie Cornelia Vetterlein, Anna

Hillmayer und Regina Daxenberger, und sie alle hatten des Königs Herz und Auge angerührt und zumindest eine Zeitlang begeistert, wie auch jetzt diese Engländerin, Lady Jane Ellenborough. Und doch, so sagte sich Stieler, der den Monarchen seit dessen Kronprinzenzeit sehr genau kannte, wird keine ihm je so nahe stehen wie die schöne Marchesa Marianna Florenzi, die Stieler schon mehrfach für seinen Herrn gemalt hatte.
»Du dort«, sagte er zu dem Bild auf der Staffelei, »du als einzige könntest der Marchesa den Rang ablaufen, aber wenn du klug bist – und das bist du, ich seh's in deinen Augen – dann hältst du dein Herz ganz fest und rechnest nicht auf die Liebe unseres Königs. Er ist großherzig, ständig fortgetragen vom eigenen Höhenflug, ehrlich, was den Augenblick betrifft, aber niemals wird er von seiner Marchesa lassen! Glaube einem alten Mann.« Fast zärtlich berührte noch einmal die Pinselspitze das tiefe, von blauer Seide umspielte Dekolleté. »Es gibt andere, die dich glücklich machen können, eine Menge andere ... halte dir den Blick frei für diese ... schöne Lady!«
Mit einem Seufzer räumte der Maler die Farben fort und verhängte für heute das halbfertige Bild.

»Wieder keine Nachricht vom König?« fragte Lady Jane an einem sonnigen Morgen, der sich schon reichlich herbstlich zeigte.
»Nein, Mylady, weder Nachricht, noch Billet, und kein Bote«, gab Eugénie, die Zofe, traurigen Bescheid. Seit Tagen hatte Jane nichts von Ludwig gehört. Sie wußte, daß es mit seiner Gesundheit nicht zum besten stand. Eine schmerzhafte Flechte am linken Bein machte ihm seit Wochen zu schaffen und zwang ihn immer wieder,

selbst die Regierungsgeschäfte vom Ruhebett aus zu bewältigen. Das waren die vordergründigen Fakten. Aber Jane wußte auch, daß des Königs Bindung an sie, anfangs so enthusiastisch, bereits gelockert war. Es hatte kein einziges böses Wort zwischen ihnen gegeben, aber die gemeinsamen Kutschfahrten und die Schalen Kaffee im Hofgarten waren seltener geworden.

Und dann kam Nachricht vom König. Eine Ordonnanz ließ sich bei Lady Jane melden.

»Sie bringen mir einen Brief, lieber von der Tann?« fragte Jane den jungen Offizier, Sohn des Flügeladjutanten Seiner Majestät.

»Nein, Lady Jane, keinen Brief. Nur eine mündliche Ausrichtung soll ich machen.«

»So? Also keinen Brief«, kam es von Jane etwas frostig. Sie war Ludwig also keine handschriftliche Zeile mehr wert, wie sonst, wenn er dringend und sehnsüchtig sie zu sehen verlangt hatte. »Was also haben Sie mir auszurichten, Baron?«

»Der Gesundheitszustand Seiner Majestät hat sich verschlechtert ... darum ...« Von der Tann, noch wenig geübt mit derart heiklen Aufgaben, wand sich vor Verlegenheit. Noch einmal schöpfte Jane Hoffnung.

»Es geht dem König schlecht? Er wünscht meinen Besuch?«

»Nein, Mylady ... das ist nicht möglich. Seine Majestät ist abgereist, nach Italien.«

»Nach Italien?«

»Ja, Lady Jane. Nach Ischia. Seine Majestät erhofft sich Besserung von den Bädern dort.«

Italien. Ischia. Jane wußte sehr wohl, was das zu bedeuten hatte. Gerüchte waren ihr genügend von mißgünstigen Hofschranzen zugetragen worden. Italien, das bedeutete Marchesa Marianna Florenzi, eine niemals versiegte Liebe des Königs. Und von ihr, nicht von den Bädern Ischias, erhoffte er sich Linderung seiner Schmerzen an Körper und Seele.

»Danke, Baron. Ich habe verstanden, Baron.«

Jane bemerkte nicht mehr Gruß und Abgang des jungen von der Tann. Sie war ans Fenster getreten, gewohnt, dort das Bild der vielen Kirchtürme dieser Stadt zu sehen. Aber sie sah nichts außer dem verschwommenen Schleier der eigenen Tränen. Wieder einmal hatte ein Mann sie verlassen. Sie fühlte sich allein, grenzenlos allein.

Im Englischen Garten

»Seht nur, seht! Des Königs Favoritin! Seht, die englische Lady auf ihrem Schimmel!« So riefen die Bürgersleute, wenn sie am Sonntag im Englischen Garten spazierten und ihnen Lady Jane Ellenborough begegnete. Längst hatte sie die Gewohnheit, täglich auszureiten, wieder aufgenommen, im Englischen Garten zu München ebenso wie seinerzeit im Londoner Hyde Park oder im Bois de Bologne in Paris. Hier wie dort saß die schlanke Gestalt kerzengerade und doch biegsam im Sattel, im flaschengrünen Reitkostüm mit den modischen Keulenärmeln, das die überschlanke Taille noch betonte, dazu tief in die Stirn gedrückt der flache Zylinder mit dem lichtblauen Schleier daran, der hinter ihr im Wind wehte. Nur mit einer Gewohnheit hatte Lady Jane gebrochen. Wurde sie bisher stets von einem Reitknecht begleitet, so ritt sie jetzt allein.
Jane mußte einen Grund für ihr Verhalten haben, und der Grund zeigte sich auch alsbald. Eben trabte sie auf gepflegtem Reitweg aus einem Wäldchen heraus als sie hinter sich weiteren Hufschlag hörte. Sie verhielt ihre Schimmelstute ein wenig und erwartete, was sie seit Tagen täglich um die gleiche Stunde erwartete. Auf einem dunklen Braunen näherte sich ein Reiter in starkem Trab. Jane wandte sich nicht um, aber sie wußte genau, er war groß gewachsen, athletisch gebaut, hatte rötlich blondes Haar, ein sehr männlich ebenmäßiges Gesicht und verstand ebenso gut zu reiten wie sie. Der Reiter näherte sich bis auf zwei Schritt, parierte seinen Braunen durch und überholte Jane, wobei er tief den

Hut zog und sie mit einem sehnsüchtigen Lächeln in den Augen wortlos grüßte.

Jane erwiderte Gruß und Lächeln. Sie wußte genau, er würde noch einen langen Blick nach ihr werfen, dann aber weiterreiten, sich nicht mehr umsehen, und vorn hinter einem Hügel oder einer Baumgruppe verschwinden. So war es jeden Tag gewesen und jeden Tag mehr hatte sich das Bild dieses Mannes in Janes Herz gegraben, hatte ein tiefes Verlangen in ihr erweckt. Heute nun wollte sie diesem Geschehen ihren eigenen Stempel aufdrücken. Kaum hatte der Mann sie überholt, gab sie ihrer Stute die Sporen, hielt sie aber gleichzeitig so fest am Zügel, daß das Tier, nicht wissend, was es sollte, sich aufbäumte und stieg. Jane stieß einen leisen Schrei aus und ließ die Sache, obwohl selbst nicht einen Augenblick in Gefahr, doch recht gefährlich aussehen. Sie hatte richtig kalkuliert. Der Reiter hielt inne, warf sein Pferd herum und kam zurückgeprescht.

»Um Gottes Willen, Mylady«, rief er schon von weitem, »kann ich Ihnen helfen?« Kaum neben ihr, griff er ihr in die Zügel und zog die sich aufbäumende Stute zu sich nieder. »Hooh«, rief er, »hohooh, ruhig, ganz ruhig!« Er wußte mit Pferden umzugehen, und da zudem Jane die Zügel freigab, beruhigte sich die Stute sofort und stand lammfromm.

»Ist Ihnen auch nichts passiert, Lady Jane?«

»Sie wissen, wer ich bin?« rief Jane nur zum Schein erstaunt. Die ganze Stadt kannte sie unterdessen, an jeder Straßenecke hätte er erfahren können, wer sie war und welchen Weg sie täglich zu Pferde nahm. Da er sie aber ›Lady Jane‹ nannte, mußte er von Stand sein, was ihre Neugier auf ihn noch weiter steigerte.

»Oh, ich hatte schon den Vorzug, Ihnen die Hand zu küssen, Lady Jane«. Er räusperte sich verlegen. »Es war beim Defilee in der Residenz. Sie standen bei den Majestäten.«

O ja! Jane erinnerte sich jetzt an einen der jungen Offiziere in Gardeuniform, der sich formvollendet über ihre Hand gebeugt hatte. Wieso war ihr damals dieses herb schöne Gesicht nicht aufgefallen?

»Ich bitte herzlich um Vergebung«, sagte sie jetzt in echtem Bedauern, »aber zu einer rechten Vorstellung kam es damals doch nicht?«

Ihr Gegenüber nahm noch einmal den Hut ab und richtete sich stolz im Sattel auf.

»Carl Ulner Freiherr von Diepurg-Venningen«, sagte er und holte damit das Versäumte nach. Und gleich darauf huschte ein jugendhaftes Lachen über sein Gesicht.

»Für eine Engländerin viel zu schwierig auszusprechen!« rief er, »ist aber auch nicht nötig. Ich bin einfach Carl Venningen. Das genügt.«

Sie ritten jetzt nebeneinander im Schritt. Carl erzählte von seinen Gütern sowohl im Bayerischen als auch im Badischen und daß er soeben, trotz seiner Jugend, er sei noch nicht einmal dreißig, seinen Abschied genommen, um sich um die Landwirtschaft zu kümmern.

»Heiraten müßte ich und eine Familie gründen, wie es der Besitz erfordert ... und auch, um nicht allein zu sein bei Kuh und Schaf, zwischen Klee und Weinreben!« Er lachte wieder sein junges Lachen und sah Jane dabei so innig an, als müsse sie ahnen, warum er grad vor ihr so sprach. Sie ahnte es nicht. Aber längst war sie auch ihm tief ins Herz gedrungen und richtete sich der Pulsschlag seines Lebens nur noch nach diesen täglichen Begegnungen im Englischen Garten. Nie zuvor hatte er eine Frau wie diese Lady Jane gesehen, so schön, so klug und voller Geist, und – nach allem, was man über sie redete, wie gemacht für Liebe und Leidenschaft. Auch daß sie unermeßlich reich sei, hieß es von ihr, aber zu Venningens Ehre sei gesagt, daß er das keineswegs in Betracht zog, zumal er selbst über ein beträchtliches Vermögen verfügte.

»Wagen wir noch einen kleinen Galopp?« schlug Jane vor, da ihr das Thema ein wenig zu heiß wurde. Da sprach ein junger Mann, der ihr ungeheuer gut gefiel, vom Heiraten und Kinder kriegen, wo sie das doch gerade selbst hinter sich gelassen hatte, um einem kunstbessenen Monarchen Freundin und Seelengeliebte zu sein.

»Gut, lassen wir die Pferde gehen«, ging Venningen auf Janes Vorschlag ein. Und dann, als sie so Seite an Seite dahinflogen, den Rhythmus der galoppierenden Pferde unter sich, die erhitzten Gesichter einander zugewandt, und den Frühlingswind auf der Haut spürend, da ging noch einmal eine Wandlung in beiden vor. Traum und Phantasie, bisher vages Suchen und Tasten, wurde zu realer Nähe, unterdrücktes Verlangen wurde zu offen lodernder Flamme. Sie ritten im Bogen über die Isarauen und kehrten endlich, Pferde und Reiter erschöpft, zu den Stallungen zurück.

»Es war herrlich«, sagte Jane und warf der Stute die Zügel auf den Hals. Venningen, der rasch abgesessen war, trat zur Schimmelstute, als Jane eben aus dem Sattel glitt, ihm ob sie wollte oder nicht, direkt in die Arme. Aber sie wollte es, sie wollte ihn, und als er sich zu ihr beugte und sie auf den Mund küßte, wurde es ein Kuß, der Beginn und Verheißung zugleich war.

Baronin Venningen

König Ludwig von Bayern, im Winter aus Italien zurückgekehrt, zog es im Frühjahr erneut nach dort. Anlaß war zweifelsohne wieder seine schlechte Gesundheit, aber ein anderes lag derweilen zentnerschwer auf seiner Seele. Er fühlte seine Neigung zwischen zwei Frauen geraten, ohne die Kraft der Entscheidung für eine von beiden zu haben. In München erlag er stets von neuem der Schönheit und dem Charme Lady Ellenboroughs, nach Italien zog ihn das alte Band, das ihn mit der ebenso schönen Marchesa Marianna verband. Beide Frauen verhielten sich ihm gegenüber gleichermaßen klug und abwartend.
Weiter hatte sich auch der Plan verdichtet, Otto von Bayern auf den griechischen Thron zu setzen. »Kann ich ihm mit seinen siebzehn Jahren denn ein solches Abenteuer überhaupt zumuten?« haderte Ludwig mit sich, »ein Abenteuer, dessen Ausgang mehr als zweifelhaft ist!« Vielleicht sollte er doch um Ottos Willen auf diese Chance für das Haus Wittelsbach verzichten?

Ludwig weilte dann wieder in Italien als die sogenannte ›Londoner Konferenz‹ im Mai 1832 Otto von Bayern als König von Griechenland bestätigte. Das Echo im verwaisten München war eher schwach. »Ach, das ist wieder einmal nur die griechische Marotte Seiner Majestät!« sagte man in der Gesellschaft, und in der Politik wiegte man bedenklich die Köpfe. »Welch ein gewagtes Unternehmen, wo wird das noch enden!«
Daß es mit einer dreißigjährigen, für Griechenland

fruchtbaren Regierungszeit enden würde, das konnte niemand voraussehen.

Jane fühlte sich jedenfalls von neuem alleingelassen und, was den königlichen Freund anging, ohne jede Verpflichtung. Er war es ja, der seinen Gefühlen keine eindeutige Richtung geben konnte. Dennoch mochte Jane die Beziehung nicht trüben und wollte nach echt britischer Empfindung ›fair play‹ walten lassen. Als daher Carl von Venningen ihr einen Heiratsantrag machte und sie ihn voll Freuden annahm, schrieb sie dem König nach Perugia:
Ich wünsche nichts mehr, als Dir zu versichern, daß Du niemals vergessen wirst von Deiner Janthe, die immer die alte bleibt.
Ludwig schrieb seinerseits beruhigende Zeilen zurück, in denen auch er das vertraute ›Du‹ benutzte. Die beiden hatten es geschafft, ihre Beziehung ohne Groll in echte Freundschaft hinüberzuretten.
Und nun gab es im Leben der Jane Ellenborough eine Wiederholung!
Fürst Schwarzenberg hatte sie nicht geheiratet, weil er katholisch und sie geschieden war. Carl von Venningen war ebenfalls katholisch und stieß auf die gleichen Schwierigkeiten. Jedoch er liebte aufrichtig.
»Tradition und Familienehre sind mir nichts gegenüber meiner Liebe zu dieser Frau!« verkündete er und setzte sich durch. Er schob beiseite, was für ihn nur leere Gebilde waren und trotzte auch der Kirche. So fiel der Himmel nicht ein, als Carl und Jane im November 1832 getraut wurden. Gott jedenfalls mag es so besser gefallen haben, denn das Kind, das Jane wieder unter dem Herzen trug, brauchte einen rechtmäßigen Vater.

In einem anderen Punkt war Venningen weniger kompromißbereit. Das Paar beschloß, die Hochzeitsreise, wie konnte es anders sein, nach Italien zu machen. Ein letzter Tag verging mit Vorbereitungen, am frühen Morgen wollte man aufbrechen. Da brachte Venningen, fast wie beiläufig, noch eine Bitte vor.

»Dieser bunte Zwerg dort oben auf dem Bock, Liebste, das ist nicht ganz der Stil einer Baronin Venningen, weißt du ...«

»Aber Carl, ich liebe diesen kleinen Zwerg, er ist mir treu ergeben ...«

Noch wollte Jane es nicht einfach hinnehmen, daß jemand, und sei es auch ihr Mann, ihr Vorschriften dieser Art machte. Und zudem war er ihr wirklich so etwas wie ein Freund geworden, der kleine Gnoom aus dem Pariser Armenviertel.

»Jane, meine Liebe, vielleicht habe ich mich nicht recht ausgedrückt«, versuchte Venningen es noch einmal, zwar ohne Strenge, aber doch mit dem Unterton dessen, der gewohnt ist, daß seine Anordnungen befolgt werden. »Ich möchte nicht, daß meine Frau mit den Attributen einer Schaubudenbesitzerin daherkommt!«

Jane war entsetzt. Von dieser Seite hatte sie den putzigen kleinen Kerl in der Aufmachung, die sie ihm selbst verpaßt hatte, niemals gesehen. Es war Mode, Zwerge, kleine Mohrenbuben oder gar Äffchen in seiner Dienerschaft mitzuführen, und wenn Jane auch immer die erste war, die einer Mode folgte, so war es hier weit eher menschliche Verpflichtung, die sie spürte.

»Aber Carl, was soll aus Goliath werden ...« fragte sie völlig konsterniert. Sie sah Carl ins Gesicht, dieses offene männliche Gesicht, dessen Ebenmäßigkeit sie

liebte. Hatte sie darin etwa einen herrischen Zug übersehen?
»Darum mache dir keine Sorgen, Liebste«, schloß Carl entschlossen den Disput ab, »er wird in Lohn und Brot stehen solange seine Ungestalt Spott und Neid gleichermaßen weckt und auf dem Bock einer Equipage für Aufsehen sorgt.«
Aber Jane machte sich dennoch Sorgen und hätte sich noch viel mehr gesorgt, wenn sie den kleinen Schatten bemerkt hätte, der hinter der Glastür des Salons verschwand, in dem das Gespräch stattgefunden hatte.
Am Morgen fuhr der Kutscher den Wagen vor, man begann, das Gepäck aufzuladen. Bei solcher Arbeit hatte Goliath, klein, aber kräftig, immer am fleißigsten mit angepackt. Wo aber war der kleine Kerl? Schon schimpfte der Kutscher, daß er allein schleppen und stemmen sollte und seufzte Eugénie, daß sie ohne die gewohnte Hilfe des Zwergs die sperrigen Deckel der Koffer und Kisten schließen mußte, da gab es beiden zu denken, daß der Kleine nicht da war.
»He, Goliath, wo hast du dich versteckt?« riefen sie abwechselnd in Küche und Kammer, in Stall und Remise.
»Wir kennen deine Späße, kleiner Mann! Aber jetzt ruft die Arbeit. Los, heraus mit dir!«
Nichts rührte sich. Goliath war nicht da.
Eugénie sah noch einmal in den Stall. Alles war leer und ruhig, nur eine Maus huschte piepsend durchs Stroh. Goliath war nicht da. Aber sauber zusammengelegt auf der Futterkiste lag der rote Frack und darauf der hohe schwarze Hut mit der Silberschnalle. Sonst nichts. Kein Wort des Abschieds, kein Lebewohl und auch kein Dank. Wie schweren Herzens mußte er ge-

gangen sein, nachdem er gestern die Worte des neuen Herrn versehentlich angehört und dann entschieden hatte, was für seine Lady wohl das beste war. Nichts konnte seinen Kummer deutlicher zeigen wie der Hut und das ordentlich zusammengelegte Kleidungsstück auf der Futterkiste.

Als Eugénie ihrer Herrin vom Geschehenen Meldung machte, standen ihr die hellen Tränen in den Augen.

Jane sagte nichts. Manchmal war es gut, wenn man gelernt hatte, seine Gefühle zu kontrollieren. Aber innerlich seufzte sie: »Du hattest recht, kleiner Freund, und paß auf dich auf...«

Den ganzen Winter verbrachte das Paar im schönen, sonnigen Sizilien. Wenn sich ihre eheliche Liebe angesichts von Janes hochschwangerem Zustand auch mehr in gegenseitige Rücksichtnahme gewandelt hatte, so waren sie sich doch zärtlich zugetan und einte sie das gemeinsame Entzücken über Land und Leute und vor allem über die überall sichtbaren Spuren vergangener Kulturen.

Des Sonnengotts herrlichste Insel hatte Homer Sizilien genannt und auch als ›Insel der Gegensätze‹ kann man es bezeichnen, wenn weit wogende Kornfelder gegen kahle Lavaberge stehen, man die Hütten der Armen sieht, einsam verstreut oder eng an den Steilhang geduckt, darüber hoch sich erhebend die Paläste der Reichen und des lange hier ansässigen Adels oder auch blühende grünende Küsten erblickt, von dreierlei Meer umspült, dagegen ausgedörrt die Hochebenen im Innern des Eilands. Und über allem die Ahnung von Jahrhunderten der Frömmigkeit, der Kampfeslust und des Wagemutes.

»Laß uns eine Fahrt nach Agrigento machen, Carl! Und nach Segesta, die dorischen Tempel und das griechische Theater betrachten.«
»Ja, Liebes, gewiß, Liebes, sobald du die Geburt hinter dir hast und dich wohl fühlst.«
»Und auch nach Taormina würde ich gern fahren. Versprichst du es?«
»Ja, Jane, ich verspreche es«, sagte Venningen und küßte seine Frau zärtlich auf die Stirn.

An einem Tag im Januar 1833, an dem auch die sizilianische Sonne nur gläsern schien, hielt Carl von Venningen voller Stolz einen Sohn im Arm. Jane lag ermattet in den Kissen von einer Geburt, die schwerer war als die ihrer ersten drei Kinder. Dem Sohn hatte sie noch keinen Blick gewidmet, aber einen Spiegel ließ sie sich reichen und Eugénie, die treue Zofe, mußte ihr das goldene Haar bürsten bis es wieder seinen alten Glanz bekam.
»Wir werden ihn Heribert nennen, unseren Sohn«, verkündete Carl feierlich, »bist du damit einverstanden, Liebes?«
»Ja, ja, nenn ihn wie du willst«, winkte Jane ermattet ab, »ich bin jetzt müde, ich brauche Ruhe.«
»Aber ja, Liebes, natürlich, Liebes!« beeilte sich Carl zuzustimmen. Seine arme Jane, was hatte sie in den letzten Stunden durchgemacht, um ihm den ersehnten Erben und Stammhalter zu schenken! Carl übergab das Kind der Amme und wollte das Zimmer auf Zehenspitzen verlassen. Da rief Jane ihn noch einmal zurück.
»Carl, du denkst an die Fahrt, die du mir versprochen hast? Agrigento, Segesta, Taormina?«

»Aber ja, Liebes, gewiß. Genau, wie ich es dir versprochen habe, aber nun schlaf erst einmal, Liebes.« Er ging und, nachdem er schon die Tür hinter sich zugezogen hatte, sagte er noch leise: »Meine Jane, meine einzig geliebte Frau!« Genau das war sie noch immer seinem Herzen, obwohl er sich manchmal so seine Gedanken machte. Jane zeigte sich letzthin öfter so abwesend, so in weite Ferne gerückt, daß es Carl Angst machte. Sie schien ihm irgendwie zu entgleiten, und wo er fast unterwürfig ihr seine Liebe zu beweisen suchte, reagierte sie immer häufiger mit Ungeduld.

Wenige Wochen später standen Baron und Baronin Venningen bewundernd vor den Tempeln der ›Hera Lakinia‹. Für Jane, literarisch durch Byron und politisch durch König Ludwig sehr für alles Griechische eingenommen, kamen die in gleißender Sonne daliegenden Tempelruinen einer Verheißung gleich: Griechenland! Das Land ihrer Sehnsucht! Dorthin wollte sie ganz unbedingt! Hier auf Sizilien waren sie ja schon in naher Nachbarschaft zum Land ihrer Träume, so machte sie ihrem Mann den Vorschlag, doch nach dort weiterzureisen.

»Mit einem jener modernen Dampfschiffe ist es nur ein Katzensprung, Carl, und dir wird es dort gefallen!«

Er hatte ihr bis jetzt jeden Wunsch von den Augen abgelesen, er würde ihr auch diesen erfüllen. Sie war sich dessen so sicher, daß sie sein Zögern zuerst gar nicht wahrnahm.

»Wir könnten dort ein Haus mieten, eines mit Blick aufs Meer! Wir könnten eine Saison bei Hofe mitmachen, jetzt nach Ottos Krönung! Wir könnten ...«

Endlich fiel ihr auf, daß Carl ihre Begeisterung nicht

teilte, ja daß seine Züge sich abweisend verschlossen hatten.

»Was ist, Carl? Was bedrückt dich?«

»Genug des Reisens, Jane!« brauste er auf. »Wir müssen nach Deutschland zurück. Es wird Zeit, daß ich mich wieder um meine Güter kümmere.« Er sagte es so grob wie jemand, der Widerspruch von vornherein erstikken möchte. Jane war enttäuscht. Sie schmollte wie ein Kind. Und sofort wurde Carl im Ton weicher, in der Sache aber gab er nicht nach.

»Wirklich, Liebes, wir müssen nach Hause. Meine Leute sollen endlich ihre neue Herrin kennenlernen, unser Sohn soll auf eigenem Grund und Boden aufwachsen.«

Jane gab nach. Immerhin war sie die Baronin Venningen und sie liebte ihn ja auch, ihren Carl. Und Liebe, das war das einzige Gesetz, dem sie sich willig unterwarf. Und dann gab es noch einen Grund, in die baldige Heimreise zu willigen. Jane fühlte sich erneut schwanger. Und nur mit Schaudern gedachte sie der Beschwerden auf der langen Fahrt hierher, da sie im achten Monat ein Kind trug. So lange wollte sie diesmal nicht warten.

»Also gut, Carl, reisen wir!« Die Reise wurde dann doch wieder unerträglich, zumal man den engen Kutschkasten nicht nur mit der Zofe, sondern auch noch mit dem Kind und seiner sizilianischen Amme teilen mußte. Fast einen Monat war man unterwegs, auf schlechten, staubigen oder plötzlich vom Regen überfluteten Straßen. Jane ertrug die Mühsal nur im Gedanken an ein Schloß mit hohen Sälen, eleganten Salons und einer Schar flinker Dienstboten zu ihrer Verfügung. Dann war es endlich so weit.

»Noch knapp zwei Stunden, dann sind wir da!« rief Carl, »das Stammschloß der Venningens! Es wird dir gefallen . . .!«
Wer weniger romantische Erwartungen hegte als Jane, dem konnte der schlichte weißte Komplex des Schlosses sicher gefallen, wer jedoch einen englischen Landsitz wie ›Holkham Hall‹ im Sinn hatte, mußte zutiefst enttäuscht sein. Jane konnte kaum einen Ausruf des Entsetzens unterdrücken, als die Kutsche über eine hölzerne Brücke in einen ungepflasterten Hof einfuhr, auf dem zischend und protestierend eine Schar Gänse auswich und dann der Kutscher vor einer Tür anhielt, die sich kaum von den Türen zu Stall und Scheuer unterschied. Ein Knecht riß grinsend den Schlag auf, und eine Magd oder Köchin in schmuddeliger Haube schlug die Hände überm Kopf zusammen.
»Der Herr Baron ist wieder da! Gott zum Gruße, Herr Baron, und Segen der Frau Baronin!«
Sie hatten sich ganz närrisch, traten jedoch beiseite, um ihre neue Herrin einzulassen. Drinnen dann kleine, wenn auch wohnliche Räume, niedere Decken, wenige alte Möbel, die verloren herumstanden, statt Teppichen nur gescheuerte Dielen, an den Wänden Generationen von Venningens, die mißmutig aus abgeblätterten Goldrahmen sahen. Allein der Blick aus efeuumrankten Fenstern über einen schmalen Saum von Weinreben und dahinter weit über die Ebene hin, konnte etwas entschädigen.
»Bei gutem Wetter kann man bis zum Rhein sehen«, bemerkte Carl voller Stolz. Und mit gleichem Stolz zeigte er Jane dann ihre Zimmer, das altmodische Pfostenbett, verschlissene Rokokosessel, einen wackligen Schreibsekretär und immerhin eine Zinkbadewanne.

Angesichts des steifen Lächelns auf Janes Lippen, zuckte Carl hilflos mit den Achseln.

»Nun ja, es hat halt lange Zeit die Hausfrau hier gefehlt ...«

Plötzlich tat Carl ihr leid. Er war hier aufgewachsen, es war sein Zuhause, er mußte es ja lieben. Und wenn sie ehrlich war, so hatte sie selbst ja eigentlich nie wirklich ein eigenes Zuhause gehabt. Vielleicht konnte es ihr gelingen, mit ihrem Geld und Geschmack aus diesem hier so etwas wie ein Zuhause zu machen. Sie nickte ihm ermutigend zu.

»Es ist sehr schön hier, Carl«, sagte sie und lehnte ihre Wange gegen die seine. Sie war jedenfalls besten Willens, als sie an diesem ersten Abend beide gemeinsam im altmodischen Pfostenbett einschliefen.

Wie ein gefangener Vogel

Am Morgen fiel es Jane zuerst schwer, sich zurecht zu finden. Während der Flitterwochen hatte auch Carl immer lange geschlafen und sie beim Erwachen im Arm gehalten. Doch jetzt war Carl nicht da. Stattdessen hörte sie seine Stimme gebieterisch vom Hof herauf, wo er seinen Leuten Anweisungen gab. Es klang ungewohnt laut und hart.
Plötzlich verspürte Jane Hunger auf ihr gewohntes morgendliches Frühstück. Sie zog das Klingelband und sofort trat Eugénie ein, die Augen rot verweint.
»Was ist, Eugénie? Was hast du, Mädchen?«
»Oh, Mylady, dieses Haus! Diese Küche! Dies Personal! Incroyable!« Jane wurde ebenfalls wieder von der Enttäuschung über das dürftige Schloß übermannt, von der Beklemmung, hier nun leben zu müssen, ohne den geringsten Komfort oder gar Zerstreuung. Was aber dann die Zofe meldete, nahm ihr als Engländerin den letzten Mut, diesen Tag in Angriff zu nehmen.
»Es gibt keinen Tee, Mylady! Nicht einen Krümel Tee gibt es in diesem Haus!«
»Und was um Gottes Willen trinkt man hier am Morgen?«
»Malzkaffee mit warmer Milch.«
»Oh«, machte Jane nur. Es war tatsächlich zu entmutigend.

Im April des Jahres 1834 zeigten Baron und Baronin von Venningen ›in dankbarer Freude‹ die Geburt ihrer Tochter Bertha von Diepurg-Venningen an. Doch

rechte Freude wollte über die Geburt dieses Kindes nicht aufkommen. Schnee und Hagel hatte gegen die Fenster des Schlosses geprasselt als die Wehen einsetzten. Es war Janes fünfte Geburt und sie hatte länger gedauert als alle vorangehenden. Und dann hatte sie ein winziges leblos scheinendes Mädchen hervorgepreßt, das keinen Ton von sich gab. Mit weit aufgerissenen Augen lag dies kleine Wesen nun teilnahmslos in der Wiege, seit Wochen schon. Der Arzt, aus Sorge herbeigerufen, machte ein bedenkliches Gesicht, wiegte den Kopf hin und her.
»Man muß abwarten«, meinte er, »vielleicht geschieht ein Wunder . . .«

Aber es geschah kein Wunder. Bertha war kein normales Kind. Und Jane? Ihre siegesbewußte Natur traf es wie ein Schock, so unerwartet eine Niederlage hinnehmen zu müssen. Der lange Winter auf dem Lande war ihr schon schwer gefallen, aber nun da endlich Blumen und Blüten im Schloßgarten ihre Kelche öffneten, blieb Jane grübelnd in enger Stube sitzen. Carl kannte seine Frau nicht wieder! Nur einmal zeigte sie Interesse und einen Schimmer der alten Vitalität. Carl war zu ihr ins Zimmer getreten und hatte sie an der Hand gefaßt.
»Komm, Liebes, komm ans Fenster! Ich will dir etwas zeigen!«
Was ihr dann einen Ausruf der Freude entlockte, war ein schneeweißer Araberhengst, den ein Reitknecht am rotgeflochtenen Halfter hielt.
»Der ist für dich, Liebes«, sagte Carl und erwartete voller Spannung die Reaktion auf sein Geschenk.
Jane lief die Treppe hinunter und hinaus zu dem Tier und legte ihre Arme um seinen Hals. Dort weinte sie

die ersten Tränen, die Carl bei ihr sah und es waren Tränen der Freude wie der Verzweiflung, aber auch Tränen der Erleichterung.

»Carl«, rief sie, »Carl, könnten wir doch wieder nach München gehen, du und ich, und dort im Englischen Garten reiten wie damals...«

Carl erschrak über die Sehnsucht, die aus ihren Worten sprach. Sie wollte fort, weg aus dem Haus, das er ihr als ein Zuhause hatte geben wollen.

»Das wird nicht gehen, Liebes«, sagte Carl nachsichtig aber bestimmt. »Das Gut und die Wirtschaft brauchen mich. Du mußt das verstehen.«

»Ich verstehe, Carl...« kam es mutlos von Jane, aber sie verstand nicht. Warum mußte man sich in diesem Haus vergraben, ohne Gäste, ohne Freunde ohne irgendwelche Geselligkeit? Warum mußte man an Bauern und Pächtern sein Genüge finden, allenfalls noch bei älteren Nachbarn, die ebenso bescheiden und simpel lebten, während es in München einen Hof gab, mitten im Rampenlicht der Weltgeschichte, und einen König, gebildet, kunstliebend und schöpferisch wie Ludwig! Sie verstand nicht, wie man ohne das gleißende Licht großer Ballsäle, ohne das Flüstern von Neid und Bewunderung, ohne immer neue, sich steigernde Entfaltung leben konnte.

»Vielleicht, Liebes, vielleicht könnten wir später einmal...« suchte Carl seine Frau zu trösten, wollte aber vorsichtig auch nichts versprechen. »Komm jetzt ins Haus, Liebes, es zieht ein Regen auf.« Er nahm sie sorgsam am Ellenbogen, während sie dem Hengst noch einmal zärtlich über die Mähne strich.

»Fütter ihn gut«, sagte sie zu dem Knecht, der ihn hielt, »aber nicht zuviel vom Hafer!«

Dann erreichten sie das Haus, gerade als die ersten schweren Tropfen fielen.

»Mylady, ein Herr wartet unten auf Sie! Ein Freund, ein guter Freund! Mylady sollten …«

Das war sicher wieder eine der Finten, die sich die treue Eugénie einfallen ließ, um ihre Herrin ein wenig aufzumuntern. Jane lag zu Bett, obwohl es auf Mittag zuging, so wie sie es eigentlich jetzt immer hielt. Und wenn sie aufstand, nur um einen alten Morgenrock überzustreifen und sich ans Fenster zu setzen und hinauszustarren. All ihre schönen Kleider hingen unbeachtet im Schrank, an Mode und Schmuck hatte sie alle Lust verloren.

»Ach, Mädchen, was redest du! Hier in der Einöde fragt kein Freund nach mir. Und nur wieder aufzustehen, weil der Herr Apotheker oder der Herr Getreidehändler mir seine Aufwartung machen wollen, das lohnt mir nicht.«

Eugénie wühlte schon im Schrank unter den Kleidern und suchte das aus grünem Moiree mit dem weißen Pikeekragen heraus.

»Ein Freund sag' ich, Mylady, ein Freund aus Paris!«

»Aus Paris?« Jane lachte ungläubig auf. »Paris, das liegt Jahrtausende zurück!«

»Doch, Mylady, aus Paris! Mylady sollten sich ankleiden lassen, Mylady sollten endlich einmal wieder richtig Toilette machen …« Während die Zofe redete, wärmte sie schon den Lockenstab, mit dem sie ihrer Herrin immer die hübschen Stocklocken brannte.

»Hat dieser Freund vielleicht auch einen Namen?« fragte Jane und es klang hoffnungslos zynisch.

»Monsieur de Balzac«, sagte Eugénie und bewirkte eine schlagartige Änderung in Janes Mienenspiel.
»Honoré de Balzac? Meinst du wirklich ihn?«
»Er sitzt unten in der Halle, eine ganze Weile schon. Er sagt, er will auch gern weiter noch warten, aber nicht zu lange, weil er die Postkutsche noch erreichen will. Monsieur ist auf dem Weg nach Stuttgart und München, und will weiter nach Wien ...«
»Rasch, Eugénie lauf hinunter und sag, ich komme! Man soll ihm Wein anbieten und einen Imbiß!«
»Das hat man schon gebracht«, beruhigte die Zofe, »und auch, was er sonst noch verlangte.«
»Was er sonst noch verlangte?«
»Ja, er wollte Tinte und Feder und ein paar Bogen Papier. Er wolle die Zeit nutzen, sagte Monsieur ...«
»Schwatz jetzt nicht! Kleide mich an, mach mich schön, rasch!«
Jane war aus dem Bett gesprungen, sich der langwierigen Prozedur zu unterwerfen, die dem makellosen Auftreten einer Dame vorausging. Eugénie beeilte sich denn auch mit Schnüren und Haken, mit Brennen und Kämmen, Bürsten und Stecken, dennoch war mehr als eine Stunde vergangen, bis sie fertig war. Ein letzter Blick in den Spiegel stellte Jane zwar nicht ganz zufrieden, zu blaß waren die Wagen und die Augen lagen tief und glanzlos in ihren Höhlen.
Mit aufkeimender Freude lief Jane dennoch die Wendeltreppe hinab zur Halle. Doch die Halle war leer.
Nur die schlampige Köchin räumte eben noch Glas und Karaffe fort.
»Der Herr ist gegangen«, sagte sie und wischte sich mit dem Schürzenzipfel über die Nase, »einen Brief hat er hinterlassen für die Frau Baronin.«

Ungeduldig riß Jane ihr das beschriebene Papier aus der Hand.

Madame! las sie, *Ich bedaure, offensichtlich zu ungelegener Zeit gekommen zu sein! Mit der Bezeugung meiner Freundschaft wollte ich nicht aufdringlich erscheinen, bewahre sie Ihnen aber dennoch von Herzen als Ihr Honoré de Balzac.*

Lange starrte Jane auf den schwungvollen Namenszug, vorn mit dem typischen kleinen ›h‹ beginnend und mit dem letzten Buchstaben in großer Schleife ausholend, die den Familiennamen ›Balzac‹ unterstrich als wiese er ausdrücklich auf diesen hin.

Endlich ließ Jane das Blatt sinken. Das Glück war ihr nicht hold. Oder hatte sie nur verlernt, auf seinen leisen Ruf zu horchen? So wie sie in der Trostlosigkeit eines gefangenen Vogels verlernt hatte, die Schwingen zu breiten? Vielleicht hätte es Jane versöhnt, wenn sie gewußt hätte, wie fruchtbar gerade diese eine Stunde des Wartens in der Halle des Venningschen Schlosses für die Literatur des neunzehnten Jahrhunderts gewesen war: eben hier, wo Feder und Tinte noch auf dem Tisch standen, hatte Honoré de Balzac das letzte Kapitel seines Romans ›Louis Lambert‹ geschrieben und damit das Buch beendet über jenen frühreifen Jüngling, dem er seine eigenen Züge verliehen hatte.

Die depressive Phase, in die Jane dann zurückfiel, war weit schlimmer als die erste. Frühling war in Sommer übergegangen, Sommer in Herbst. Jane hatte es nicht einmal bemerkt. Sie saß in ihrem Zimmer, einen Band Byron in der Hand ohne ihn aufzuschlagen, und ihr weißer Hengst stand wochenlang im Stall.

Carl von Venningen brachte auf seinen Gütern die Ernte ein, erst das Getreide, später Trauben und Reben. Dann ging er entschlossen daran, seine in den Trübsinn entflohene Frau zurückzugewinnen. Er liebte seine Jane von Herzen, und niemals hatte er ihr weh tun wollen. Aber er sah ein, daß das Leben, das er von ihr forderte, das Leben einer Baronin Venningen, nicht für sie paßte. Sie war ein Edelstein, der in blitzende Brillanten gefaßt sein wollte, nicht einfach nur in einen schlichten Goldreif.

»Jane, meine Liebe«, sagte Carl, als die ersten Herbststürme wieder um die weißen Mauern seines Schlosses tobten, »Jane, wir gehen nach München. Ich lasse die Stadtwohnung herrichten, und wir verbringen die ganze Saison bei Hof...«

Ein ungläubiger Blick aus violettblauen Augen traf ihn, in den sich erst langsames Verstehen mischte. Dann erst leuchtete ihr Blick hell auf.

»Carl! Oh, Carl, das ist wundervoll!« Jane war aufgesprungen und schlang ihre Arme um seinen Nacken. »Wann, Carl, wann fahren wir? So bald wie möglich, ja? Ich muß mich in München um meine Garderobe kümmern! Um Stoffe, Kleider, Hüte! Ich weiß ja nicht einmal, was die Mode dieses Jahr vorschreibt!«

Carl hatte ein Wunder bewirkt. Jane war fast wieder die alte, betrieb mit ungeheurem Eifer die Vorbereitungen, während Carl die Reisekutsche überholen ließ und auf dem Pferdemarkt von Weinheim ein prachtvolles Vierergespann einhandelte. An einem frühen nebligen Morgen fuhren sie dann los, der Baron, die Baronin und die Zofe Eugénie. Sohn Heribert, bald zweijährig, sowie die bedauernswerte kleine Bertha ließ man in der Obhut der Amme zurück. Von beiden

fiel Jane der Abschied nicht schwer, ihr Sinnen und Trachten war ganz nach vorn gerichtet.
Man hielt Nachtruhe in Heidenheim an der Brenz und dann noch einmal in Augsburg. So war es gegen Mittag, als man von Olching her sich München näherte. Auch dieser Morgen war wieder neblig gewesen, aber als der Nebel später am Tag sich hob, wurden im milchigen Dunst des Horizonts die Türme der Frauenkirche sichtbar. Wie zwei geballte Fäuste standen sie empor, hatten fast etwas Drohendes. Aber Jane schienen sie nur freundlich zu winken, als sie sich weit aus dem Kutschfenster lehnte, um besser sehen zu können.
»Oh my goodness«, stieß sie hervor und war unwillkürlich in ihre Muttersprache verfallen, »ich kann wieder atmen! Ich bin noch jung! Ich lebe!«

Neues Leben – neue Liebe

»Lady Jane ist wieder in der Stadt!« Wie ein Lauffeuer ging die Nachricht durch München. Man sah ihr nach und winkte, wenn sie vierspännig über die Ludwigstraße fuhr, man tuschelte über sie, wenn sie sich im Hofgarten oder in der Theaterloge zeigte, und man sagte es laut, daß Lady Jane Ellenborough, wie man die Baronin Venningen gewohnheitsmäßig noch nannte, schöner denn je sei. Fünf Kinder hatte sie geboren und näherte sich der Dreißig, hatte Scheidung und Skandale hinter sich, aber all das hatte ihrer Erscheinung und ihrem Ansehen nicht geschadet. Gertenschlank war sie noch immer und das Goldhaar ihr schönster Schmuck, der es mit allen Smaragden und Brillanten aufnehmen konnte. Neben selbstbewußtem Stolz war sie von einer mädchenhaften Liebenswürdigkeit, die nur unberührten Seelen innewohnt. Die Gesellschaft zögerte noch, Jane mit offenen Armen aufzunehmen. Man wollte erst abwarten, wie würde der König das neuerliche Auftauchen der Lady aufnehmen? Und Jane selbst bewegte die gleiche Frage. Hatte Ludwig damals ihre Ehe mit Venningen als einen Affront aufgefaßt oder stand er noch immer freundschaftlich zu ihr? Auch Jane wartete ab. Allerorten konnte sie die Anzeichen dessen sehen, was König Ludwig in der Zwischenzeit von seinen Plänen und Träumen verwirklicht hatte. Am Karlsplatz stand die erste protestantische Kirche Münchens, der Grundstein zur Staatsbibliothek auf der Ludwigstraße war gelegt, ein Obelisk am Karolinenplatz erinnerte an dreißigtausend brave bayerische Soldaten, die von Napoleons Rußlandfeldzug nicht zurückgekommen waren, und im Englischen Garten, in dem Jane an der Seite ihres Mannes wieder Ausritte unternahm, stieß sie auf einen neuerrichteten Rundtempel, den sogenannten Monopterus.

Doch welche Entwicklung hatte der derzeitige Wittelsbacher selber genommen? Der Bayernkönig mußte sich politisch um den hellenischen Thron, der Vater um den Sohn Sorge machen. Längst war die neue Monarchie in Griechenland zum Spielball der Großmächte und dem aufständischen Volk geworden. Solidarisch hatte München eine Woge der Begeisterung für alles Griechische erfaßt, griechischer Baustil, griechische Mode und zahllose griechische Besucher.

Wie aber stand es um das Privatleben König Ludwigs, um sein allzu rasch entflammtes Herz? Seine Schönheitsgalerie war um drei Bildnisse von der Hand Stielers erweitert, das der Marquise von Pallavicini, einer jungen Fürstin von Oettingen-Wallerstein und dem der erst achtzehnjährigen Gräfin Holnstein. Die Marchesa Marianna hatte Stieler unterdessen gar mehrmals malen müssen. Sie zu sehen war das Ziel Ludwigs auf allen seinen Italienreisen gewesen. Doch Ruhe und Sorglosigkeit schienen ein für alle Mal dahin zu sein.

Das war die Situation, als den Venningens die ersehnte erste Einladung ins Haus flatterte. *Anläßlich des zu Ehren Seiner Majestät des Königs von Preußen stattfindenden Hofballs werden Baron und Baronin Venningen in der Residenz erwartet*, hieß es da.

Und als Jane in einem Kleid aus apfelgrünem Moirée und einem Turban mit Paradiesvogelfedern den Ballsaal betrat kam der König ihr mit ausgebreiteten Armen entgegen.

»Meine Janthe«, hörten Umstehende die halblaute Begrüßung, »wie freue ich mich, dich wiederzusehen!«
»Majestät machen mich überaus glücklich, sich meiner zu erinnern«, quittierte Jane bescheiden, aber Freude und Erleichterung waren in ihrem Gesicht zu lesen. Sie richtete sich aus angedeutetem Hofknicks wieder auf und wollte sich eben am Arm ihres Mannes den Tanzenden zuwenden, als ihr Blick auf einen ebenfalls geladenen Gast in griechischer Tracht fiel. Nicht nur diese kleidsame Tracht, ›Fustanella‹ genannt, ein reich plissiertes weißes Gewand mit farbig besticktem Überwurf, erregte Janes Aufmerksamkeit, sondern der Mann selbst war es. Seine stolze Haltung machte einen etwas schmächtigen Wuchs wett, sein schwarzes gescheiteltes Haar ging in einen ebenso schwarzen Bart über, der sich an den Enden kühn nach oben zwirbelte und dem jungen Mann ein verwegenes Aussehen gab. Doch das eindrucksvollste an ihm blieben seine Augen, groß wie Teetassen und von blinkendem Schwarz. Und diese Augen waren fest auf Jane gerichtet. Mit einer leichten Verbeugung trat der junge Mann zu den Venningens.
»Baron, Baronin!« kam es mit einem fremden Schmelz in der Stimme, »da ich hier niemanden kenne, bitte ich um die Erlaubnis, mich selbst vorstellen zu dürfen.« Er machte eine wirkungsvolle kleine Pause und sagte dann seinen Namen. »Graf Spyridon Theotoky, Offizier der griechischen Armee, in München stationiert, um militärische Studien zu treiben.« Zwar sprach er zu beiden Venningens, sah aber weiterhin nur Jane an, auch dann noch, als er Carl formvollendet bat, ihm einen Tanz mit seiner Frau zu erlauben.
Carl, innerlich in Alarm, hätte die Erlaubnis gern ver-

weigert, was einen groben Verstoß gegen die Höflichkeit bedeutet hätte. Er war dann jeder Wahl enthoben, da Jane sofort zustimmte.

»Aber gern, Graf«, hauchte sie und schwebte in seinen Armen davon. Graf Theotoky war ein guter Tänzer, wahrte den rechten Abstand, der es ihm ermöglichte, auch tanzend Konversation zu führen.

»Ich hatte noch nicht das Vergnügen, Baronin, Ihnen in der Stadt zu begegnen ...«

»Oh, wir sind erst eingetroffen, wir leben auf dem Lande, im Badischen ...«

»Auf dem Land? Liebe Baronin, wie können Sie sich zwischen Gänsen und Hühnern verstecken?« rief Theotoky in gespielter Empörung. »Eine Sünde wider die Welt!«

Jane mußte lachen. Er hatte genau den Punkt getroffen.

»Das müssen Sie meinem Mann sagen, Graf, er war nur schwer zu überreden, wenigstens diese Saison nach München zu kommen.«

In wenigen Minuten erfuhr ihr Tänzer nicht nur, wie einsam und unglücklich sie sich auf Schloß Venningen gefühlt hatte, sondern auch von ihrer Sehnsucht nach strahlendem Glanz, südlicher Ferne, beschwingter Musik und – das konnte er nur ahnen – nach Erfüllung in der Liebe.

»Ach, ich könnte ewig so weiter tanzen ...« seufzte Jane und warf den Kopf nach hinten.

»Und immer in meinen Armen?« fragte Graf Theotoky und zog sie unmerklich ein wenig näher.

Sofort protestierte Jane.

»Ich bitte Sie, Graf!« Aber sie konnte ihm nicht böse sein, nein, im Gegenteil berührte sie in seiner Nähe etwas lang Vergessenes, das sie heilsam durchströmte, ein Kräftefeld der Erwartung und Verlockung.

»Nun, sagen wir dann wenigstens gelegentlich in meinen Armen?« lächelte Theotoky und in seinem Lächeln stand die Frage aller Fragen.

»Gelegentlich ... gern ...« versprach Jane mit dem gleichen Lächeln, das die Antwort aller Antworten barg. Zwei Augenpaare verfolgten das tanzende Paar mit eifersüchtiger Sorge. Es waren die Augen des Barons von Venningen und die König Ludwigs I. Da aber niemand an diesem Abend die Etikette verletzte oder den Rahmen des Anstands sprengte, hatten Sorge und Eifersucht zu schweigen. Doch ehe der Ball noch zu Ende gegangen war, wußten Lady Jane und Graf Spyridon Theotoky, daß das Schicksal einer Flutwelle gleich sie eingeholt hatte und sie beide der Liebe und Leidenschaft nicht mehr entrinnen konnten.

Für die weitere Saison standen den Venningens alle großen Häuser Münchens offen, und auf den Gästelisten ausländischer Diplomatie durften ihre Namen ebenso wenig fehlen wie der des Grafen Theotoky. Überall war Lady Jane die eleganteste und die schönste. Sprühend vor Charme ließ sie ahnen, was an verlangender Weiblichkeit wieder in ihr erwacht war.

Carl von Venningen gönnte seiner Frau von Herzen, daß sie wieder lachte und fröhlich war, aber es peinigte ihn, daß ganz offenbar ein anderer Mann dazu den Anlaß gab. Nur mit Mühe bezwang er sich, aber es wurde ein langer qualvoller Winter für ihn.

»Wir fahren nach Hause!« erklärte er schroff, sobald nur der Schnee von den Dächern der Stadt geschmolzen war.

»Aber Carl«, protestierte Jane erschrocken, »wir sind mitten in der Saison! Man erwartet uns noch auf einem Dutzend Feste und Einladungen. Und die Anproben für meine Frühjahrsgarderobe, die ich bestellt habe ...«
Carl wußte, das waren nur fadenscheinige Gründe. Was Jane wirklich in München hielt, war der hübsche griechische Aristokrat und dessen glutvolle Huldigung.
»Wir fahren!« sagte Carl bestimmt, und für diesmal ließ er nicht locker.

Gerade rechtzeitig zur Frühjahrsbestellung trafen die Venningens wieder auf dem heimatlichen Gut ein, und von Beginn an empfand Jane das Landleben wieder so eintönig wie eh und jeh. Immerhin ließ sie den weißen Araberhengst jetzt regelmäßig aus dem Stall holen und erforschte auf seinem Rücken ohne jede Begleitung die nähere und weitere Umgebung. Der Hengst trug sie weich und trittsicher und erwies sich als schnell und ausdauernd.
»Ich nenne ihn ›Infatigable‹«, verkündete Jane nach einem dieser Ritte begeistert.
»›Infatigable‹, der Unermüdliche? Nun, ich würde es nicht unbedingt darauf ankommen lassen«, meinte Carl mißmutig. Ihm gefielen die einsamen Ausritte seiner Frau ganz und gar nicht.
»Ach, Carl«, schmeichelte Jane, »sei doch froh, es ist ja dein Geschenk, dieses Pferd, das mir die Lebensfreude wiedergibt, die ich hier in der Einsamkeit so vermisse.«
Carl empfand ihre Worte wie einen Stich ins Herz. Er wußte um ihre Enttäuschung, ihren Hunger nach

Weite und Leben, aber ihm blieb nur, hilflos zu schweigen. Nach wieder einmal solch einem Ritt über Berg und Tal empfing die Zofe Eugénie ihre Herrin mit Verschwörermiene. Sie zog aus dem Ausschnitt ihres Kleides einen Brief.
»Ein Bote hat ihn gebracht, Mylady.«
»Ein Bote? Gib her!« sagte Jane von einer Ahnung überfallen. Sie brach das Siegel und las die wenigen Zeilen.

München konnte mich nicht länger halten! Meine ganze Hoffnung ist Heidelberg. Jede Nacht werde ich warten.

Keine Unterschrift, aber eine Adresse in der Vorstadt Heidelbergs.
Obwohl ›Infatigable‹ vom morgendlichen Ritt bereits ermüdet war, ließ Lady Jane ihn am Abend nochmals satteln und jagte den ganzen Weg bis Heidelberg in einem einzigen Galopp. Jetzt kam es ihr zugute, daß Carl sich mit der Gewohnheit einsamer Ritte abgefunden hatte, so genügte ein Hinweis auf heute so besonders klaren Mondenschein, der zu einem Nachtritt förmlich einlade, um ihn zwar in Sorge, aber ohne besonderen Verdacht zurückzulassen.
An angegebener Adresse fand sich eine schwach erleuchtete Toreinfahrt. Laut hallte der Hufschlag des Hengstes auf dem Pflaster eines engen Hofes, als hoch oben in spalierbewachsener Hauswand ein Fenster geöffnet wurde. Jemand schwenkte eine Laterne. War es Theotoky? Jane schlug das Herz bis zum Hals. Jetzt war es ganz still um sie her, nur der keuchende Atem ihres Pferdes war zu hören. Eine Wolke zog sich vor den Mond, außer der Laterne dort oben war es stockfinster. Nun erlosch auch diese und leiser Schritt auf hölzerner

Treppe war zu hören. Jane gewahrte eine Gestalt, die langsam auf sie zukam. War es Spyridon? War es ein Fremder? Hatte jemand sie in eine Falle gelockt? Jane war eine mutige Frau, aber dennoch fühlte sie Zweifel und Furcht sich lähmend ihrer bemächtigen. In diesem Augenblick gab die Wolke den Mond wieder frei und im aufschimmernden Licht zeigte sich das Gesicht des jungen Griechen. Er rührte sich nicht, und auch sie stand unbeweglich. Sie sah die Umrisse der weich fallenden griechischen Tracht, und er sah die schmale Frauengestalt im dunkelgrünen Reitkleid, das Haar vom schnellen Ritt gelöst, jetzt im Mondlicht nicht goldblond, sondern eher wie von schwerem Silber.
»Jane...?« hörte sie seinen leisen Ruf, als ob er noch Gewißheit brauche.
»Ja, Spyri...« kam ebenso leise ihre Antwort. Und plötzlich lagen sie sich in den Armen. Oben wartete dann eine traute Dachstube auf sie, von nun an Zeuge ihres neuen Glücks.

»Der Hengst, Herr Baron, fast keine Nacht steht er mehr im Stall...« so meldete der Knecht seinem Herrn, »und morgens steht er dann da, abgehetzt, naß von Schweiß, oftmals noch mit fliegenden Flanken.« Er hielt den Blick zu Boden gerichtet, der Knecht, und drehte verlegen die Mütze in den Händen. »Ich meine nur, sie wird das Tier zu Tode hetzen, die Frau Baronin...«
»Er hat gut aufgepaßt«, lobte der Baron seinen Knecht, »aber nun will ich, daß er darüber schweigt, versteht er mich?« Der Knecht verstand sehr gut, da der Herr Baron sich sein Schweigen eine Silbermünze kosten ließ.

Carl von Venningen wollte es auf keinen Fall zum offenen Skandal kommen lassen. Natürlich hatte auch er seine Beobachtungen gemacht, aber es war ihm klar, daß er keine gewöhnliche Frau geheiratet hatte und daß er bemüht sein sollte, auch einen außergewöhnlichen Maßstab an ihr Tun und Lassen zu legen. Er liebte Jane und sie zu halten wollte er alles dransetzen. Es tat ihm weh, zu ahnen, daß er ihre Liebe und Leidenschaft gar mit jenem griechischen Laffen teilen sollte, der in München um sie herumgeflattert war wie die Motte ums Licht. Verbissen ertrug Carl den Schmerz und wartete ab. Er hatte nicht lange zu warten. Das Schicksal suchte sich seinen eigenen Weg und dort, wo dieser sich gabelte, forderte er den schwersten Tribut von Carl von Venningen.

»Es wird Tag, Liebster«, sagte Jane zu Spyridon und suchte sich aus seiner Umarmung freizumachen.
»Es ist die Nachtigall und nicht die Lerche«, lächelte er, noch nicht bereit, sie aus seinen Armen zu entlassen.
»Die Lerche war's, die Tagverkünderin«, nahm Jane das Zitat auf, denn als Engländerin kannte auch sie ihren Shakespeare. Noch einmal gab sie sich der Woge seiner stürmischen Zärtlichkeiten hin, doch als sie den Kopf hob, sah sie den kommenden Tag sich bereits hell im Viereck des Fensters abzeichnen. Jane erschrak. Es würde fast Mittag werden, bis sie in Schloß Venningen zurück war.
»Ich muß fort, Spyri, wirklich! Wir setzen sonst alles aufs Spiel!« Rasch kleidete Jane sich an und lief die hölzerne Treppe hinab, und kaum im Sattel trieb sie den Schimmel zu fliegendem Galopp. In der Vorstadt öffneten die Händler bereits ihre Läden.

»Die verrückte Lady ist wieder unterwegs«, sagten sie, »die hat den Teufel im Leib!«

Doch schon war Jane an ihnen vorbei. Vor ihr schimmerte der Horizont bereits in lichtem Blau.

»Lauf, Schimmel, lauf! Mach deinem Namen Ehre!« beschwor Jane den Hengst, und dieser, als könne er sie verstehen, gab sein bestes. Er hetzte hügelan und hügelab, Geröll kollerte unter seinen Hufen, dann wieder haftete Erde, schwer und feucht, ihm an den Eisen. Plötzlich trat er fehl und stürzte nieder, mitten im Lauf und kopfüber. Unheimlich klangen sein kurzes Stöhnen und ein hohles berstendes Knacken. Jane konnte sich befreien und sprang auf die Füße.

»Komm, Schimmel, auf! Wir müssen weiter!« rief sie und zerrte am Zügel. Der Schimmel rührte sich nicht, die Wirbel seines Halses waren gebrochen.

Minutenlang starrte Jane auf das leblose Tier, Minuten, die ihr Einsicht und Klarsicht brachten. Der Tod des wertvollen Pferdes würde alles an den Tag bringen, sie Jane, mußte Farbe bekennen, vor sich und vor Carl, ihrem Ehemann. Sie war bereit, eine Entscheidung zu fällen. Noch einmal fuhr sie mit der Hand über das seidenweiche Fell des Hengstes.

»Verzeih mir«, flüsterte sie, »verzeih mir meine Selbstsucht und meinen Unbedacht ...«

Sie überlegte kurz, daß es zu Fuß zum Schloß zu weit war, so machte sie kehrt und ging langsam den Weg zurück zur Stadt.

Am späten Vormittag dann hielt ein Wagen vor Schloß Venningen, und Graf Theotoky war der Baronin beim Aussteigen behilflich.

»Ich komme mit hinein, Jane«, schlug Theotoky vor.

»Nein, nein, ich geh' allein«, wehrte Jane ab und wollte eben den Hof überqueren.
»Ich stehe dem Baron zur Verfügung, Jane, sag ihm das!« rief Theotoky ihr noch nach.

Carl von Venningen, riesengroß wie er da in der schmalen Eingangstür des Schlosses stand, wartete bereits auf seine Frau, als sie im beschmutzten Reitkleid, ohne Hut mit offenem Haar, unschlüssig auf ihn zukam.
»Oh, Carl, ich hatte einen Unfall . . .« begann sie.
»Man hat mir schon berichtet«, schnitt er ihr streng das Wort ab.
»Ich kann dir alles erklären . . . ich . . .«
»Es bedarf keiner weiteren Erklärung.«
»Nun, wie du willst, Carl . . . aber du solltest Graf Theotoky hereinbitten, er hat mir beigestanden als . . .«
»Der Graf wird mein Haus nicht betreten! Und du geh und zieh dich um!« Plötzlich brach die Strenge in sich zusammen, und Besorgnis vibrierte in seiner Stimme. »Es ist dir doch nichts geschehen, Jane . . . ich meine, du bist gesund?«
»Ja, Carl, ja. Nur der Hengst, er ist tot . . .«
»Ich weiß.«
Er trat zur Seite, um sie vorbei zu lassen. Da sah sie in seinem Gesicht, wie sehr er litt und heißes Mitleid durchströmte sie.
»Carl«, sagte sie, »es ist alles nichts. Ich liebe dich. Glaube mir.«
Carl von Venningen verschloß sein Gesicht mitsamt dem Schmerz darin.

Das Duell

Der Sommer ging ins Land und machte das Jahr behäbig und schwer. Jane war nicht mehr nach Heidelberg geritten. Sie war bemüht, Carl eine gute Frau zu sein, nahm an seinen Belangen teil und duldete seine oftmals verzweifelte Zärtlichkeit. Sie wollte gutmachen, doch vergessen oder gar bereuen konnte sie nicht. Noch immer hoffte sie insgeheim, Theotoky möge ihr ein Zeichen schicken, möge dadurch eine Entscheidung treffen, alle Verantwortung von ihr nehmen. Doch Woche für Woche verstrich, ohne jedes Zeichen von dem schönen Griechen. Hatte er sich so leicht mit dem Ende ihrer Affaire abgefunden? Jane grübelte darüber nach, wenn sie nachts schlaflos an Carls Seite lag, oder tags, wenn sie am Fenster des kargen Schlosses sitzend über die langsam herbstlich bunte Ebene blickte.

Großherzog Leopold von Baden gab in Heidelberg einen Empfang. Geladen war, was Rang und Namen hatte, darunter Baron und Baronin von Venningen.
»Ich weiß nicht recht, Carl...« sträubte Jane sich anfänglich, »ausgerechnet Heidelberg, wo man sich über mich die Zungen wetzt!«
»Du meinst wegen Theotoky?« Carl scheute sich nicht, das Thema anzuschneiden. »Wenn er noch in der Stadt ist, wird auch er eine Einladung erhalten haben, das ist klar. Und gerade deswegen, meine Liebe, werden wir hingehen. Wir werden uns auf diesem Empfang zeigen, Seite an Seite, wie es sich gehört!«
Jane schwieg. Ihrer Meinung nach spielte Carl mit dem

Feuer. Sie selbst war sich ihrer Sache längst nicht so sicher. Schon jetzt pochte ihr das Herz bei dem Gedanken, Theotoky eventuell wiederzusehen.

Dann war es so weit. Wagen für Wagen fuhr vor dem ehemals kurpfälzischen Palais vor, Lakaien halfen den Damen auszusteigen, was bei den wieder füllig gewordenen Röcken nicht ganz leicht war. Herren schlugen den seidenen Mantelumhang über der gestickten Weste zurück und trugen den Zweispitz zusammengeklappt unterm Arm.

Drinnen verkündete der Majordomus laut die Namen der Eingetroffenen.

»Baron und Baronin Ulner von Dieburg-Venningen!«

Und das Ehepaar trat ein, Seite an Seite, wie Carl es gewünscht hatte. Carls hünenhafte Gestalt schien dem Auftritt noch etwas Drohendes hinzuzufügen, Jane, in lichtgelbem Organdi mit Veilchen besteckt, war sofort wieder die Schönste der Schönen im Saal. Es folgten Hofknicks und Reverenz vorm Großherzog und dessen leutseliger Wink:

»Ach, lieber Venningen, später kurz auf ein Wort zu mir, wenn ich Sie bitten darf!«

»Ich stehe Hoheit jederzeit zur Verfügung«, quittierte Carl gehorsam. Im überfüllten Ballsaal dann wurde er einen Augenblick von Janes Seite abgedrängt. Beunruhigt, weil er sie aus den Augen verloren, blickte er sich um. Und da sah er sie, mitten im Saal, im vollen Licht der Kronleuchter vor aller Augen stand sie im Gespräch mit Graf Spyridon Theotoky. Venningen konnte nicht hören, was die beiden sprachen, aber ihre Mienen und Gebärden verrieten dem, der eifersüchtig lauschte, einen Teil des Gesagten.

»Jane«, stieß Graf Theotoky soeben hervor, »Jane, das

Schicksal hat uns noch einmal zusammengeführt! Das ist unsere Chance! Wir müssen sie nutzen!«

»Aber Spiri ...« Janes Miene drückte Zögern aus. Sie war von gänzlich ungewohnter Unentschlossenheit. »Was sollen wir tun, Spiri?«

»Laß uns fliehen, gleich jetzt!« Theotoky hatte die Maske konventionellen Lächelns abgelegt und sah sie eindringlich an. »Ich habe vermutet, daß auch ihr geladen seid, so habe ich vorgeplant. Mein Kutscher wartet mit frischen Pferden. Wir können noch diese Nacht über der Grenze sein und sind vereint für immer ...«

»Es muß überlegt sein ...« kam schwach der Einwand von Jane.

»Nichts muß überlegt sein! Du liebst mich doch! Oder, wenn dem nicht mehr so ist, dann sag es mir ins Gesicht! Hier und jetzt! Nun?« Er hatte ihren Arm gepackt, so fest, daß es sie schmerzte.

»Das kann ich nicht, Spiri, denn ich liebe dich noch immer. Ich habe mich nach dir gesehnt, Tag und Nacht, aber ...«

»Kein Aber! Wir brauchen einander! Niemand darf uns unsere Liebe streitig machen!« Er hatte so laut gesprochen, daß die Tanzenden bereits die Köpfe nach ihnen wandten. Doch Theotoky ließ sich nicht beirren, wenn er auch die Stimme wieder senkte.

»Paß auf«, so flüsterte er, »der Herzog wird Venningen zu sich bitten. Dann ist der Augenblick für uns gekommen.« Einen letzten Einwand Janes wischte er mit der Hand fort.

»Jane, tu, was ich dir sage. Nimm diese Tür dort und wende dich zur Linken. Dort steigst du in den Wagen und der Kutscher fährt an. Ich komme einen anderen Weg und ihr nehmt mich auf am Eingang der nächsten

Gasse. Wir lassen alles hinter uns, und vor uns liegt das Glück. Wir brauchen nur danach zu greifen. Glaube mir, Liebste. Und jetzt die Tür dort. Es wird gelingen!«

Es geschah dann genau, wie Theotoky es geplant, wenn auch von Seiten Janes nur unter Vorbehalt, so doch nicht gerade gegen ihren Willen. Aber es gelang nicht. Der Kutscher des Grafen Theotoky jagte im Galopp zur Stadt hinaus, im Fond des Wagens legte Spyridon den Arm um Jane.

»Siehst du, Liebste, es war ganz leicht«, sagte er mit einem Siegerlächeln auf den Lippen.

Doch Jane, zerrissen zwischen Hoffnung und Zweifel, fühlte sich im Herzen taub und blind.

Dann beugte sich der Kutscher vom Bock herab und rief:

»Wir werden verfolgt, Euer Gnaden! Ein Vierspänner ist hinter uns und holt gewaltig auf!«

Genau so war es. Graf von Venningen, nach kurzer Konferenz vom Großherzog entlassen, hatte den Sachverhalt alsbald begriffen und sofort gehandelt. Sein Gespann, vier ausgeruhte Pferde, nahmen es erfolgreich mit dem Zweiergespann des Grafen auf und ehe Jane so recht begriffen und Theotoky laut auf griechisch einen Fluch ausgestoßen, überholte der Venningsche Wagen und stellte sich auf einsamer Straße quer.

»Theotoky, Sie steigen aus!« herrschte Baron Venningen den Grafen an, und befahl seiner Frau, einstweilen im Wagen sitzen zu bleiben.

Theotoky blieb dann über die Absicht Venningens nicht lange im Zweifel.

»Ich erkläre meinen Kutscher zum Sekundanten, Graf,

und lege Ihnen nahe, das gleiche zu tun, andernfalls ich Sie formlos fordere und über den Haufen schieße wie einen tollen Hund!«

Venningen wollte ein Duell, jetzt sofort an Ort und Stelle. Theotoky, Abenteurer und Glücksritter, aber dennoch Ehrenmann wie Venningen, blieb keine Wahl. Er ernannte ebenfalls seinen Kutscher zum Sekundanten, ließ ihn die erforderliche Distanz abschreiten, und nahm eine der wie aus dem Nichts hervorgezauberten Duellpistolen entgegen.

Jane, noch immer in der gräflichen Kutsche, begriff ebenfalls, was Carl vorhatte.

»Seid ihr wahnsinnig geworden?« protestierte sie, »hört sofort mit dem Unsinn auf! Kommt her zu mir, alle beide! Ich habe schließlich auch noch etwas zu sagen!«

Ihre Worte blieben ungehört. Männer haben ihren eigenen Ehrenkodex. Sie riefen den Tod zum Richter über ihre Differenzen, allerdings im strengen Rahmen einer Zeremonie, die den Sieger nicht zum Mörder macht, ihn stolz und ohne Reue aus der Szene entläßt.

Jane, um sich Gehör zu verschaffen, wollte aus der Kutsche steigen, setzte eben den Fuß im leichten Tanzschuh auf die taufeuchte Wiese, als zwei Schüsse fielen.

Jane wußte nicht, ob sie einen Schrei ausgestoßen oder nur den Atem angehalten, jedenfalls lief sie, der Schuhe nicht achtend, durchs nasse Gras nach dort, wo anscheinend unschlüssig die Männer standen. Es waren ihrer drei, der vierte lag am Boden.

»Carl«, keuchte Jane im Laufen, »Spiri«, gleich, welcher von beiden gefallen war, so oder so zerriß der Wahnsinn der Situation ihr das Herz. Doch näherkommend sah sie Carl stehen, die rauchende Waffe noch in der Hand und schon kniete sie bei Spyridon. Das Gesicht

des schönen Griechen war von kalkiger Blässe, die Augen hielt er geschlossen. Blut sickerte aus verborgener Wunde und färbte die Fustanella, die blütenweiße traditionelle Tracht des Offiziers. Aber er lebte.
»Carl«, rief Jane außer sich, »wir müssen etwas tun! Ihn verbinden, das Blut stillen, Carl!« Jane, im dünnen Kleid, zitternd vor Kälte, blickte flehentlich auf ihren Mann.
Venningen zog seinen goldbestickten Rock aus und legte ihn um die Schultern seiner Frau.
»Da ist wenig, was wir tun können«, sagte er tonlos.
Aber er erschrak als er einen neuen Ausdruck in ihrem Gesicht sah und sie mit ganz veränderter Stimme sprechen hörte.
»Carl«, sagte sie, »wenn dieser Mann stirbt, dann werde ich dir nie verzeihen, niemals!«

Wie wir vergeben unseren Schuldigern

Als Graf Spyridon Theotoky erwachte, fand er sich in einem altmodischen Pfostenbett, doch wo dieses Bett stand und wie er hineingekommen, wußte er nicht. Er wollte sich aufrichten, aber ein stechender Schmerz in seiner Seite ließ ihn in die leinenbezogenen Kissen zurücksinken. Dieser Schmerz brachte ihm ins Gedächtnis zurück, was passiert war. Er hatte sich duelliert. Es war um die schönste Frau gegangen, die er jemals gesehen und mit der zu fliehen er sich so einfach gedacht hatte. Plan und Absicht dieser Flucht zu zweit mußte er jetzt wohl aufgeben. Aber dann erkannte er in den schemenhaften Umrissen einer Gestalt, die sich vom Bettrand her zu ihm beugte, eben diese Frau seiner Liebe: Jane Ellenborough oder richtiger Baronin Venningen.

»Spiri ...« hörte er sie flüstern, »Spiri, Liebster ...«

»Wo bin ich?« wollte Theotoky als erstes wissen.

»Auf Schloß Venningen bist du und du wirst wieder gesund werden ...«

»Auf Schloß Venningen?« rief Theotoky entsetzt. Ein neuerlicher Versuch, sich aufzurichten ließ ihn sein Gesicht schmerzlich verziehen.

»Bleib liegen, Liebster, du mußt dich ruhig halten«, mahnte Jane besorgt und legte eine Hand auf seinen Arm.

»Ich möchte mit Venningen sprechen!« stieß der Verwundete wie eine Drohung hervor.

»Das wäre sicher nicht gut«, versetzte Jane abwägend, »er hat sich ehrenhaft verhalten, sich deiner angenommen, dich hergebracht und seinem Wundarzt übergeben, aber nun hält er sich zurück und grollt über seinen eigenen Großmut.«

»Ich möchte ihm danken«, versuchte es Theotoky noch einmal.

»Ihm danken?« lachte Jane bitter auf, »danke lieber mir! Du liegst in meinem Bett, ich wusch deine Wunde, wachte nächtelang bei dir, und dafür, daß Carl es duldete, mußte ich ihm mein Wort verpfänden.«

»Dein Wort wofür?« fragte Theotoky und, da er Schlimmes ahnte, »welchen Preis mußtest du zu meinem Wohle zahlen?«

»Ich versprach, bei ihm zu bleiben, wenn du am Leben bleibst und dich gehen zu lassen, sobald du gesund bist ...«

»Jane!« empörte sich der Kranke, »Jane, du gehörst zu mir! Seit langem, das kannst du doch nicht leugnen!«

»Ich leugne es nicht.«

»Du liebst mich und nicht ihn, gib es zu!«

»Ich gebe es zu.«

»Dann mußt du mit mir fort, Jane! Heute noch! Ich werde meinen Kutscher ...«

»Wir würden nicht weit kommen, Liebster, deine Wunde ist noch nicht verheilt. Du brauchst Pflege, einen Arzt und sehr viel Zeit ... alles das läßt dir Venningen, und ich bin ihm dankbar dafür ... sehr dankbar.«

»Aber, Jane, wir müssen ...«

»Nicht jetzt, Spiri. Wir sprechen morgen weiter. Jetzt mußt du ruhen und gesund werden ...«

Damit hatte sie wohl recht, denn völlig ermattet schloß Theotoky die Augen und schien erneut ohne Bewußtsein.

Als Jane das Zimmer verließ, hörte sie draußen schweren Schritt.verklingen und eine Tür zuschlagen. War es Carl gewesen? Hatte er gelauscht? Jane empfand nicht Ärger über diese Möglichkeit, sondern wieder dieses tiefe, aufrechte Mitleid, die einzige Brücke, die sie noch mit ihrem Mann verband. Er liebte sie, daran war kein Zweifel. Seine Liebe war schlicht und geradlinig, ehrbar und unerschütterlich, aber so eintönig, wie auch sein Leben eintönig war. Er war von Stand, ein Junker, aber auch ein Bauer. Er wollte Kinder großziehen und seinen Acker bestellen. Dazu brauchte er eine Frau, aber wo Ginster oder Veilchen genügt hätten, hatte er sich eine Lilie gepflückt und hilflos zugesehen, wie sie im Schatten kümmerte. Ihn traf kein Vorwurf, keine Schuld, und Jane aus dem Land des fair play sah das mit klarem Blick. Das Versprechen, Theotoky ziehen zu lassen, sobald er gesund war, hatte sie ehrlichen Herzens gegeben und war entschlossen, es zu halten. Sie wollte bei Carl bleiben, hier in diesem kahlen, kargen Schloß, unter einem meist grauen Himmel, bei Wind und Wetter, bei Sturm und Hagel, die nun schon bald wieder einsetzten. Sie wollte auf alles verzichten, was ihr etwas bedeutete, auf glanzvolle Feste, auf die Huldigung der mondänen Welt, auf Bildung durch Kunst und Wissenschaft, auf den Pulsschlag der Politik und Geschichte, vor allem aber auf das, was ihrem Naturell den Lebensfunken gab, auf Liebe und Leidenschaft.

Die Genesung des Grafen Theotoky ging nur langsam vor sich. Seit er das Bewußtsein wieder erlangt hatte, schränkte Jane die Besuche am Krankenbett ein und überließ die Pflege des Patienten mehr dem Arzt und ihrer Zofe Eugénie. Zu stark empfand sie die Versuchung, die aus Theotokys ersten Worten gesprochen hatte. Natürlich gehörte sie zu ihm, natürlich liebte sie ihn noch immer, hatte nicht eine der leidenschaftlichen Umarmungen vergessen, die sie seit dem Frühjahr mit ihm getauscht, nicht eines der hellen, farbigen Bilder, die er ihr von einer gemeinsamen Zukunft gemalt hatte. Er, der Grieche, zu Hause auf dem väterlichen Landsitz ›Dukades‹, einem alten Palast auf Korfu, dem griechischen Kerkyra, geschichtsträchtig und in idyllischer Landschaft gelegen, konnte Jane alles bieten, was sie sich seit Jahren erträumte. Und er wußte es, denn sobald sie in den Wochen und Monaten seiner Genesung das Zimmer mit dem altmodischen Pfostenbett nur betrat, begann er von neuem ihre ungezügelte Phantasie zu entzünden und ihre romantischen Sehnsüchte zu wecken.

»Unser Haus würde dir gefallen, Jane! Ach, wenn du es nur sehen könntest! Terrassen, Säulengänge, Springbrunnen, und das alles inmitten eines schattigen Pinienhains.«

»Es muß wunderschön sein ...« seufzte Jane und sah den Palast förmlich vor sich. Sie verglich das Beschriebene mit Schloß Venningen, dem einfach weiß getünchten Bau, in dessen Hof die Gänse herumliefen, und ein zweiter Seufzer entrang sich ihrer Brust.

Sofort stieß Theotoky nach.

»Komm mit mir, Jane, wir werden heiraten! Mein Vater wartet ungeduldig darauf, daß ich ihm eine Schwiegertochter bringe.«

»Ich bin verheiratet, ich gab mein Wort ...«

»Ach, Jane, Liebste, diese Ehe bedeutet dir nichts mehr und ein Wort läßt sich zurücknehmen.«

»Nicht, wenn ich dein Leben damit erkaufte.«

»Was ist mein Leben wert ohne dich! Ohne dich als meine Frau! Aber mit dir an meiner Seite hieße es jeden Tag von neuem Sonne und Meer, ewiger Himmel und ewige Schönheit . . .«
Er unterhöhlte die Festung, machte sie sturmreif.
»Im Herbst schon, wenn es hier friert und schneit, könnten wir dort sein, du als Gräfin Theotoky . . .«
Trotz seiner Taktik ahnte er nicht, wie nah er dem Sieg war. Jane erhob sich, scheinbar gefestigt.
»Du mußt jetzt schlafen«, sagte sie noch und verließ ruhig und aufrecht das Zimmer. Doch draußen, kaum daß sie die Tür hinter sich zugezogen, lehnte sie sich mit einem unhörbaren Aufschrei gegen die Wand.
»Oh Gott«, schluchzte sie, »wenn es dich gibt, Herrgott, laß mich das Rechte tun. Dies ist die Liebe, ich weiß es. Ich will sie kosten, will sie halten, ehe sie vorübergeht.«
Niemals hatte Jane geweint, aber jetzt krampfte sich ihr die Brust zusammen und Tränen strömten ihr über die Wangen. Nur langsam beruhigte sie sich und konnte ihren Weg fortsetzen. Einen Moment war ihr, als höre sie wieder sich entfernenden Schritt und das Klappen einer Tür. Aber sie war sich nicht sicher. Zu erregt waren ihre Sinne und ihr Innerstes zu aufgerührt. Mit dem Handrücken wischte sie letzte Tränen fort, richtete sich tapfer auf und nahm die Treppe nach unten in die Halle.
Als sei er gerade von draußen hereingekommen, begegnete ihr Venningen.
»Nun, wie geht es unserem Patienten?« erkundigte er sich gemessen.
»Danke, es geht ihm gut.«
Carl kannte seine Frau sehr genau. Drei Jahre waren sie verheiratet und hatte er jede ihrer Regungen liebevoll

beobachtet, abgewogen und zu verstehen gesucht. Heute nun las er sehr wohl die verräterischen Spuren in ihrem Gesicht, wußte sie zu deuten und die Tiefe ihres Kummers auszuloten. Carl schonte sich nicht. Er gestand sich ein, sie längst verloren zu haben, verloren an jenen schönen, jungen Griechen, der unter seinem Dach seiner Genesung entgegenging.

Baron und Baronin Venningen nahmen gemeinsam das Abendessen ein. Carl rückte Jane den Stuhl zurecht und küßte ihr die Hand, die Magd hatte die Kerzen im Leuchter angezündet und Schüsseln auf den Tisch gestellt, ehe sie wieder in die Küche schlurfte. Carl goß Rotwein ein und trank seiner Frau zu. Aber es wurde eine sehr schweigsame Mahlzeit bis endlich Carl sich entschloß, zu reden.

»Du liebst Theotoky noch immer, nicht wahr?«

Jane wäre nicht Jane gewesen, hätte sie auf eine direkte Frage nicht direkt geantwortet.

»Ja«, sagte sie, »ich liebe ihn noch immer und ich werd ihn immer lieben, auch wenn ...«

»Würdest du bei einer Scheidung auf die Kinder verzichten?«

Jane zuckte unwillkürlich zusammen. Carl sprach so plötzlich und unumwunden von Scheidung. Meinte er wirklich, was er da sagte? Sie reagierte mit einer Gegenfrage, die nur eine Frau stellen konnte.

»Heißt das, Carl ... daß du mich nicht mehr liebst?«

»Es heißt, daß ich dich zu sehr liebe, so sehr, daß ich deinem Glück nicht im Wege stehen will.« Carl hatte gesprochen, ohne den geringsten Ausdruck in seinem ruhig männlichen Gesicht zu zeigen, so sehr Jane auch darin forschte.

»Du meinst, Carl ... du meinst also ...?« Sie wollte sichergehen.
»Ich meine, daß du mit Theotoky gehen kannst, wann immer und wohin immer du willst, aber ...«
Jane erhob sich so heftig von ihrem Platz, daß ihr Glas Rotwein umstürzte. Mit zwei Schritten war sie bei Carl und schlang beide Arme um seinen Hals.
»Carl, ich danke dir, ich danke dir für meine Freiheit! Du bist ein wahrer Freund und ich werde dich mein Leben lang als einen solchen betrachten.«
Carl, noch immer ohne eine Miene zu verziehen, löste sich behutsam aus ihrer Umarmung.
»... aber du hast meine Frage wegen der Kinder noch nicht beantwortet. Würdest du auf sie verzichten?«
»Die Kinder?« Jane schien sich besinnen zu müssen, wovon die Rede war. »Oh, die Kinder, ja, natürlich, Carl, sie wären bei dir viel besser aufgehoben.« Nicht nur, daß sie damit die Wahrheit sprach, es war auch so, daß Mutterliebe nicht gerade zu den ausgeprägten Zügen ihres Charakters gehörte. Dennoch ließ sie ihrer Entscheidung eine Begründung folgen. »Heribert ist dein Sohn und Erbe, Carl, und Berta, diesem unglücklichen kleinen Wesen würde jeder Wechsel nur zum Schaden.«
»Gut«, sagte Carl im Tone eines Unterhändlers, »dann ist es abgemacht. Ich werde die notwendigen Schritte einleiten. Du bist frei.«
»Ich bin frei? Oh, ich muß es Spiri sagen! Gleich jetzt!« Sie eilte zur Tür, durch die Halle und zur Treppe hin. Carl hörte sie noch selig summen: »Frei ... frei ... frei!«

Paris. Aber wie sehr hatte die Stadt in den vergangenen sechs Jahren ihr Gesicht verändert. Obwohl unter der Regierung des Bürgerkönigs Louis Philippe ein gewisser Schlendrian eingerissen war, prosperierten Technik und Fortschritt bestens. Immerhin verkehrte zwischen dem Bahnhof Rue de Londre und Le Pecq regelmäßig die Eisenbahn. Auf dem Place de la Concorde hatte man eben mit ausgeklügelter Hebemechanik einen 220 Tonnen schweren Obelisk aus der Zeit Ramses II. aufgestellt, ein Geschenk der ägyptischen Regierung. Wer dachte unter den Schaulustigen noch daran, daß vierzig Jahre zuvor an genau gleicher Stelle die Henkersmaschine des Doktor Guillotin gestanden hatte? Die Beleuchtung der Häuser und Straßen durch Gaslaternen war soweit komplett, daß man bereits von der ›Ville lumière‹ sprach.

Und in diesem Paris ließen sich Lady Jane und Graf Theotoky nieder, um Janes Scheidung von Carl Venningen abzuwarten. Doch diese verzögerte sich von Monat zu Monat, von Jahr zu Jahr. Der Grund zu der Verzögerung war nicht klar zu ersehen. Es konnten kirchliche Belange sein oder die leise Hoffnung Venningens, Jane möge doch noch zu ihm zurückkehren. Gründe finanzieller Versorgung waren es nicht, denn seit zu Janes 330 Pfund jährlich noch eine Erbschaft hinzu gekommen war, konnte Jane sich als ausgesprochen reiche Frau betrachten. Eher war Theotoky zu verdächtigen, daß er das Füllhorn seiner Liebe nicht allein über sie als Frau ausgoß, sondern auch ein wenig nach ihrer Börse schielte. Ihr machte das nichts aus. Sie verwöhnte ihn, wie man ein Kind verwöhnt, kaufte ein und überschüttete ihn mit Geschenken. Seit sie gar sein Steckenpferd, das fingerfertige Binden alter Folianten entdeckte, stöberten sie gemeinsam in allen Buchläden der Stadt. Ihr Haus auf Korfu, so plante Jane, sollte eine ebenso prächtige Bibliothek haben wie seinerzeit ›Holkham Hall‹. Aber auch Möbel kaufte sie, Vasen, Geschirre, wertvolle Tapisserien, alles im Hinblick auf ihren baldigen Einzug ins gräfliche Landgut ›Dukades‹. Auch Theotoky fieberte dem Augenblick entgegen, seinem Vater die Schwiegertochter zuzuführen. War dazu noch nicht unmittelbar die Eheschließung und der unabdingbare Übertritt zum orthodoxen Glauben erforderlich, so doch wenigstens die Scheidung von Venningen. Eine noch verheiratete Frau konnte Spyridon seinem Vater nicht ins Haus bringen. So war beiden eine harte Geduldsprobe auferlegt. Sie verbrachten ihre Zeit mit Geselligkeiten in einem Paris, das sich ihnen weit offener zeigte, als es sich der verheirateten Lady Ellenborough und dem Fürsten Schwarzenberg gegenüber gezeigt hatte. Jane, die man taktvoll mit Madame Theotoky anredete, wurde mit Spyridon eingeladen und wenn sie Gäste zu sich bat, folgte man geschmeichelt ihrer Aufforderung. Sie waren überall gern gesehen, die beiden, und was jedermann an ihnen entzückte, war ihr liebevolles Zueinander. Ihr Glück schien ungetrübt, und tatsächlich herrschte unverändert Liebe und zärtliche Leidenschaft zwischen der schönen Lady und dem jungen Griechen. Aber noch immer nicht war das Dokument der Ehescheidung von Baron Venningen eingetroffen.

»Laß uns auf Reisen gehen!« schlug Jane vor, »ich möchte Neues sehen, Neues kennenlernen ...«
Theotoky willigte mit einer Einschränkung ein. »Wohin du willst, mein Herz, nur nicht nach Bayern!«
»Nicht nach Bayern?« Einen Augenblick stutzte Jane. »Du meinst ... Ludwig?«
»Ja«, lachte Theotoky, »ich meine den König! Wer weiß ob seine einsame Seele nicht gerade wieder den Trost einer schönen Frau braucht.«
Auch Jane lachte. »Und du, Liebster, gibt es da kein Münchner Kindl, dem du besser aus dem Weg gehen möchtest, da über neun Monde vergangen sind?«
Das war nur scherzhaft gemeint, Jane war sich sicher, daß sie im Herzen des jungen Grafen eine Solorolle spielte seit sie sich damals kurz nach seiner Ankunft in München begegnet waren. Dennoch erschrak sie, wie ernst sein Gesicht wurde, als er jetzt nach ihrem Arm griff und ihn wie flehend umklammerte.
»Jane, du weißt, was ich für dich empfinde! Deine Schönheit, dein Liebreiz, dein ganzes Wesen füllt mich aus bis an den Rand. Da war kein Platz für eine andere, niemals, nicht eine Sekunde seit ...« Seine Erregung steigerte sich fast bis zu Tränen. »Jane, wenn ich dich je verlieren sollte ... oh, Jane, wann endlich wirst du ganz meine Frau!«
Sie nahm ihn tröstend wie ein Kind in ihre Arme.
»Glaub mir, Liebster, ich selbst will nichts sehnlicher als endlich deine Frau zu werden! Wir müssen Geduld haben, sicher nur noch eine kurze Weile ...«
Schon um diese Weile zu verkürzen, forcierte Jane die Reisepläne. Auch England klammerten sie aus. Jane hatte einen Brief von ihrer Mutter erhalten, der sie warnte.

Lady Londonderry, die soeben von Paris kam, erzählt überall herum, du seist schon wieder mit einem Mann liiert, ja ließest dich sogar bei seinem Namen nennen, ohne mit ihm verheiratet zu sein. Und das, da du doch noch eine Baronin Venningen bist! Bei Hofe wurde diese Nachricht übel aufgenommen, Kind, ich rate dir sehr, englischen Boden zu meiden. Ich weiß nicht, wie es mit dir noch enden wird!

Jane wußte ganz sicher, wie es mit ihr enden würde. Es konnte nicht mehr lange dauern, dann war sie Gräfin Theotoky und sie würden zusammen in dem weißen Palast auf Korfu wohnen, glücklich und zufrieden ein ganzes Leben lang. Aber den Rat ihrer Mutter, England zu meiden befolgte sie.
»In England zeigt man sich prüde«, resümierte Jane. »Seit Queen Victoria den Thron bestieg, scheint sich dort vieles verändert zu haben. Ein Gesetz zur Überwachung der Moral soll sie eingebracht haben, die kleine Heuchlerin, aber sie selbst findet an den Segnungen des Ehelebens viel Vergnügen, so sagt man.«
Wenn Jane etwas verhaßt war, so war es die Elle nach zweierlei Maß anzulegen. Theotoky suchte wenn schon nicht die Königin, so doch die Früchte ihrer Regierung in Schutz zu nehmen.
»Immerhin hat sie die Sklavenhaltung abgeschafft!«
»Das, mein lieber Spyridon, war unser guter alter König William«, verbesserte Jane, obwohl sie vor dessen Thronbesteigung England verlassen hatte.
»Und das neue Armenrecht? Die Begrenzung der Kinderarbeitszeit?«
»Auch das war der ›dumme Billy‹, dessen Klugheit darin bewiesen war, daß er seine fähigen Minister schalten und walten ließ.«

»Ich gebe mich geschlagen!« Theotoky schnitt eine Grimasse. »Schließlich bist du die Engländerin und ich der Grieche.«
»Laß es nicht darauf ankommen, Spyri, auch in Griechenland weiß ich Bescheid! Immerhin hat Ludwig damals . . .«
»Hör auf, hör auf!« lachte Spyridon und brachte seine allwissende Jane mit einem Kuß zum Schweigen.

Das erste Reiseziel des Paares war dann Italien. Von Mailand nach Monza kosteten sie von den Annehmlichkeiten einer Eisenbahnfahrt, aber neben Ruß und Lärm war der Komfort noch jämmerlich zu nennen.
»Zum Glück durchfahren wir keinen Tunnel«, vermerkte Jane erleichtert, »Ärzte haben Bedenken geäußert, daß man bei Tunneldurchfahrten Fieber und Schwindelanfälle erleiden kann.«
»Ich weiß, ich weiß«, winkte Spyridon ab, »sie prophezeien Schlaganfälle durch die hohe Geschwindigkeit und derlei Unsinn mehr. Aber glaub mir, diese Erfindung setzt sich durch. Schienen werden Städte und Länder verbinden und die Bahn ist nicht mehr wegzudenken.«
»Du magst recht haben, Lieber, aber noch bin ich froh, daß wir Pferde und Wagen nach Monza bestellt haben.«
Mit diesen reisten sie weit bequemer über Brescia und Verona nach Venedig, wo sie den traditionellen Karneval miterlebten. Von buntem Durcheinander phantasievoller Kostüme umgeben, aber auch von den typisch starren Masken in Schwarz-Weiß, taumelten sie durch eine ganze Woche des Vergnügens, ausgelassen wie die Kinder und ganz sich selbst lebend.

Nach kurzem Abstecher in den Süden, reisten sie durch Österreich, mieden Wien aus Furcht, dem Fürsten Schwarzenberg zu begegnen, besuchten das Burgenland und Zuchtstätten ungarischer Pferde. Theotoky hätte von hier am liebsten Kurs in die Heimat genommen. Ungeduldig forderte er das Ende des Umherstreifens.

»Ich will endlich meinem Vater die Schwiegertochter präsentieren!« rief er aus.

Jane bestand auf Paris, wo sie, nach ihrer ersten Scheidung klug geworden, einen Anwalt mit der Wahrung ihrer Interessen beauftragt hatte.

»Nun gut«, lenkte der Grieche ein, »noch einmal Paris, dann aber steh uns Gott bei, wenn Venningen nicht endlich den Weg freigibt!«

In Paris angekommen, fanden Theotoky und Jane im Büro des Anwalts die ordnungsgemäße Urkunde der in Kraft getretenen Scheidung von Carl Venningen vor.

Des Herzens Fülle – des Herzens Trauer

Korfu – Juwel des griechischen Inselreichs, aber selbst keineswegs griechisches Gebiet. Kaum eine Insel, die in so rascher Folge so verschiedene Oberhoheiten über sich ergehen lassen mußte. Zwar dem osmanischen Reich niemals einverleibt, stand sie nur kurz unter russisch-türkischer Herrschaft, die unter Zar Paul I. ganz in russische Hände übergeht. Die Regierungsgeschäfte führte zu dieser Zeit ein Vorfahre Theotokys mit dem gleichen Namen Spyridon. Zweimal besetzte Napoleon die Insel und so war sie insgesamt neun Jahre französisch, ehe der Wiener Kongreß sie endgültig zum britischen Protektorat erklärte, jeweils von einem Lordhochkommissar verwaltet. Verhandlungen des Wittelsbachers vom griechischen Thron herab, die Insel endlich dem hellenischen Mutterland einzuverleiben, dauerten noch an.
Nahe Karusadhes im Norden der Insel, auf höchster Erhebung vor flach abfallender Küste lag das prächtige Landhaus der Theotokys. Wie Spyridon Jane versprochen hatte, wurden Säulen, Terrassen und Springbrunnen von den sonst in Hellas so seltenen Pinien beschattet. Und hier endlich hatte Jane als Gräfin Theotoky Einzug gehalten und, vom Vater, dem Grafen Johannis, auf das herzlichste begrüßt, eine neue Heimat gefunden. Sie war glücklich, vor allem als sie nun, was vorher Natur oder Absicht verhindert hatten, sich erneut schwanger fühlte.
»Ach, Spiri«, sagte sie oftmals, »es wird herrlich sein, von dir einen Sohn zu haben!«

»Auch eine Tochter soll mir willkommen sein«, lachte dann Graf Spyridon und küßte seine Frau auf die Wange, »vorausgesetzt natürlich, sie wird so schön, wie du es bist, meine Liebe! Ganz dein Aussehen, dein goldenes Haar und vor allem deine strahlenden Veilchenaugen bitt' ich mir aus!«

Dennoch war die Freude bei Theotoky junior und senior besonders groß, als es dann ein Sohn wurde, den Jane als ihr sechstes Kind zur Welt brachte. Hatte sie dem Sohn Ellenboroughs, den Töchtern Schwarzenberg, dem kleinen Heribert Venningen und schon gar der unglücklichen anormalen Berta nach der Geburt nicht einmal einen Blick gegönnt, so ließ sie sich jetzt das Kind von der Amme in den Arm legen und fühlte beim Anblick seiner strahlend blauen Augen und dem goldenen Flaum auf seinem Köpfchen einen heißen Strom des Glücks aus ihrer Brust dem Kind entgegenquellen. Endlich war sie wirklich Mutter geworden.

»Leonidas..« kam es von ihren lächelnden Lippen, »wir wollen ihn Leonidas nennen!« Es war als hätte eine innere Stimme ihr den Namen zugeflüstert. »Bist du einverstanden, Spiri?«

»O ja«, stimmte dieser zu, »König Leonidas, Verteidiger der Thermopylen.« Und leuchtenden Auges zitierte er: »Wanderer, kommst du nach Sparta ...«

So erhielt der Junge in der Taufe nach orthodoxem Ritus den Namen des heldenhaften Königs von Sparta, der unter Selbstaufopferung den Bergpaß gegen Xerxes verteidigte und dabei einen viel zu frühen Tod fand. Nomen est Omen? Niemand dachte an dergleichen, als das Kind friedlich in der Wiege lag.

Janes neu erwachte Muttergefühle hielten unvermindert an, während das Kind heranwuchs, ein fröhlich fideler Junge wurde, von engelsgleicher Schönheit, hellem Verstand und fast tollkühnem Wagemut, wenn er auf seinem Pony saß und mit der Mutter zu Pferde über Bergesrücken oder auf meilenweitem Strand Schritt hielt. Vor allem aber an dieser seiner Mutter, der er so ähnelte, mit kindlich ritterlicher Zärtlichkeit hing. So klein er noch war, bestand er darauf, der Mutter den Bügel zu halten, wenn sie zu gemeinsamem Ritt aufsaß und kletterte dann flink und geschickt selbst in den Sattel seines Pferdchens, das so schwarz war, wie seinerzeit der Rappe ›Orion‹, den Jane in seinem Alter auf ›Holkham Hall‹ geritten hatte.

Die beiden waren unzertrennlich. Niemals sah man die Mutter ohne den Sohn, niemals den Sohn ohne die Mutter. Jane hatte sich angewöhnt, ihre Kleidung, von der gängigen Mode abweichend, dem altgriechischen Schnitt anzugleichen oder die Tracht der Frauen auf Korfu zu tragen, welche ihr geradezu majestätisch zu Gesicht stand. Dem kleinen Leonidas ließ sie, kaum daß er laufen konnte, die kleidsame griechische Fustanella anfertigen, anfangs schlicht, später dann rot unterlegt und goldbestickt, das absolute Ebenbild seines Vaters.

Dieser Vater, Spyridon Theotoky, der die Freude über die Geburt des Sohnes von ganzem Herzen mit Jane geteilt hatte, fühlte sich mit den Jahren mehr und mehr in den Hintergrund gedrängt. Da war nichts, was er etwa der geradezu mustergültigen, aufmerksam besorgten, liebevoll zärtlichen Mutter hätte vorwerfen können, außer daß er als Mann nun alle Zuwendung mit einem anderen teilen mußte. Hinzu kam die Gewöhnung von nun bald einem Dutzend Jahren der Gemeinsamkeit. Theotoky reagierte wie jeder andere Mann reagiert haben würde. Er zog sich seinerseits zurück. Zuvor aber unternahm er einen letzten Versuch, seine Ehe zu retten.

»Jane«, begann er beim Frühstück auf sonniger Terrasse, »würdest du mit mir nach Athen gehen?«

»Athen! O ja, ich könnte ein paar Einkäufe machen und Leonidas neu einkleiden ...« Sie war nicht ganz bei der Sache, ihr Blick hing wachsam an dem Kind, das unten im Garten am Zierteich spielte.

»Ich meine«, suchte Spyridon klarzustellen, »ganz mit mir in Athen zu leben!«

»Ganz dort zu leben? Im Gedränge der Stadt, wo es zugeht wie auf einem Bahnhof, seit König Otto dort ein zweites München zu errichten sucht? Das wäre nichts für ein Kind! Leonidas braucht die frische Luft auf dem Land. Er ist so zart, das mußt du verstehen!«

Spyridon seufzte unhörbar. Gesund und robust ist der Junge, dachte er, so wie es sich für einen Theotoky gehört. Aber es laut auszusprechen, wagte er nicht. Es hätte Jane gekränkt, ihr die Basis ihrer Fürsorglichkeit zu nehmen.

»Ich habe mich um ein Amt bei Hof beworben«, platzte er stattdessen mit einer lang gehüteten Nachricht heraus, »die Theotokys standen in jeder Generation dem Staatsdienst zur Verfügung.«

»Ein Amt bei Hof, mein Lieber«, begann Jane mit nachsichtigem Tadel, »hieße, daß auch auf mich Verpflichtungen dieser Art zukämen, und das bedeutet für Leonidas ...«

In plötzlich aufkommendem Zorn stieß Theotoky seinen Stuhl nach hinten und sprang auf.

»Leonidas! Leonidas! Der Himmel bewahre mich!«

Mit großen Schritten lief er über die Terrasse dem Haus zu, hielt jedoch noch einmal inne, ehe er es erreichte.

»Ich werde allein nach Athen gehen!« rief er zu allem entschlossen, »und werde dort jeden Posten annehmen, den man mir bietet, und wenn ich der Königin die Schleppe tragen muß!«
»Aber Spiri«, lehnte Jane sich auf, »du kannst uns doch nicht einfach hier allein lassen!«
»Warum nicht?« höhnte er, »ihr werdet meine Abwesenheit kaum bemerken, du und dein Sohn ...«
Graf Theotoky wandte sich ab und betrat die Halle seines Hauses. Die Morgensonne blitzte in den geschliffenen Facetten der Glastür, als er sie hastig hinter sich zuzog.
Jane blieb wie betäubt zurück. Sie begriff weder den Zorn ihres Mannes noch seine Verbitterung. Er brauchte doch nichts anderes zu tun, als die Liebe zu ihrem gemeinsamen Kind mit ihr zu teilen. Was war daran so schwierig? Sie begriff nicht, daß ein Mann zuweilen nichts neben sich duldet, alles für sich beansprucht, ja daß sein Stolz sich hilflos verrennt, wenn er teilen soll, und sei es auch mit seinem eigenen Sohn.
Er wird es nicht ernst meinen, tröstete sich Jane in Gedanken, niemals wird er ohne seine Familie nach Athen gehen!
Weiter konnte sie nicht denken, denn Leonidas balancierte auf der Umrandung des Teiches und angelte mit bloßer Hand nach den Goldfischen. Das beanspruchte Janes ganze Aufmerksamkeit.

Graf Theotoky erhielt am Hof von Athen das Amt des Flügeladjutanten König Ottos I.
Jane, vor vollendete Tatsachen gestellt, wollte ihre Pflicht als Ehefrau keineswegs vernachlässigen. So bedeutete es für sie, zumindest öfter nach Athen zu reisen,

an Festlichkeiten des Hofes teilzunehmen und bei offiziellen Anlässen an der Seite ihres Mannes zu erscheinen.

Sie freute sich, bei dieser Gelegenheit den jungen Wittelsbacher wiederzusehen und lernte endlich auch die ihm auserkorene Frau und Königin kennen.

Amalie von Oldenburg, im Auftreten dominierend und selbstsicher, zeigte sich gegenüber Jane von weiblichem Mißtrauen. Schon die Schönheit der Oldenburgerin, die es mit der der Gräfin Theotoky wohl aufnehmen konnte, machte die beiden von vornherein zu Rivalinnen.

Zunächst kam Jane Amalie frei und ungezwungen entgegen, wie es ihre Art war.

»Ich schätze mich glücklich, in Euer Majestät nicht nur der Königin dieses Landes zu begegnen«, sagte sie ebenso herzlich wie liebenswürdig, »sondern auch der Schwiegertochter meines so sehr verehrten Freundes Ludwig.«

Doch Amalie setzte eine hochmütig frostige Miene auf.

»Ich habe schon viel von Ihnen gehört, Gräfin, vieles, das die Gazetten füllte, und ich hoffe, manches möge sich als unwahr erweisen.« Das war deutlich Drohung und Auftakt zu künftiger Spannung zwischen den beiden.

So war es denn auch Königin Amalie, die Jane in kaum verschlüsselter Form intrigant wissen ließ, daß Theotoky sich dann und wann in Athen eine Geliebte hielt.

»O, der liebe Spyridon, so jung und so schön und so erfolgreich bei den Damen ...«

Jane war anfangs sehr verletzt. Ihr britischer Sinn für ›fair play‹ ließ keinen Raum für Betrug und Unaufrichtigkeit. Spyridon zur Rede zu stellen, verbot einerseits der gute Geschmack, andererseits die Moralauffassung der Gesellschaft ihrer Zeit. Ein Mann konnte tun, was eine Frau nicht einmal zu denken wagte. Spyridon hätte zweifellos auf dieses Recht gepocht.

Jane suchte sich also mit der Tatsache abzufinden.

»Ich habe ja Leonidas«, sagte sie sich, »er steht meinem Herzen näher, als es je ein Mann getan hat.«

So blieb sie immer länger der Hauptstadt fern, zog den Aufenthalt auf der Insel Korfu mehr und mehr vor.

Dort waren sie und ihr kleiner Sohn unzertrennlicher denn je. Vom frühen Morgen bis zum späten Abend sah man sie beieinander, auch auf Reisen, die Jane noch immer gern unternahm. Sie wollte Leonidas neue Länder, unbekannte Städte zeigen, Bäder und Kurorte suchte sie um ihrer Gesundheit willen auf. Sechs Schwangerschaften und ihr vierzigster Geburtstag lagen hinter ihr, da waren gelegentliche Beschwerden nicht verwunderlich.

Diese Reisen pflegte Jane jeweils mit einem ganzen Troß von Dienstboten und Begleitpersonen auszustatten, allen voran stets die treu verbliebene Zofe Eugénie, die gleich ihrer Herrin nicht zu altern schien und ebenfalls ihr ganzes Herz dem kleinen Leonidas geschenkt hatte.

Wo immer Jane Station machte, stieg sie in den besten Hotels ab oder mietete ganze Villen, in denen sie residierte.

1848 wurde Europa von einer neuerlichen Revolutionswelle erschüttert. Wieder von Frankreich ausgehend, erfaßte sie ganz Deutschland, Österreich, Ungarn und griff über nach Italien. Dennoch beschloß Jane gerade jetzt, in die Bäder von Lucca zu reisen, dort zu kuren und viele ihrer alten Freunde wiederzusehen. Wieder war es eine prächtige Villa, die sie mietete. Vom gepflegten Park kam man in eine geräumige Halle, zwei Stockwerk hoch mit umlaufenden Galerien, die auf eine schwungvoll angelegte Mamortreppe liefen. Auch von Marmor die Quadern der Halle, Schlinggewächse, Palmenkübel und ein Sitzplatz mit Korbstühlen darin. Hier pflegte Jane ihre Gäste zu bewirten, so auch an einem sonnigen Nachmittag zwei Damen, deren Bekanntschaft sie flüchtig im Bad gemachte hatte.

»Das Wetter ist so schön, liebste Gräfin«, flötete eben die eine der beiden, »wir hatten eigentlich gedacht, Sie zu einer Promenade abzuholen.«

»Oh ja, tun Sie uns den Gefallen, Gräfin Jane«, fiel die andere ein und setzte ihre Teetasse an die Lippen. »Man spielt Schubertlieder im Kurpark.«

Jane war keineswegs abgeneigt, auf die Anregung der Damen einzugehen und wollte eben zustimmen, als an der oberen Galerie Leonidas goldblonder Lockenkopf erschien. Er hatte den Vorschlag der Damen gehört und wollte nun sicher gehen, daß er mit von der Partie sei.

»Mama!« rief er von oben herunter, »Mama darf ich mit auf die Promenade?«

»Aber ja, Liebling, natürlich darfst du!« rief Jane von unten herauf und freute sich schon, den Damen ihren hübschen unterdessen sechsjährigen Sohn zu präsentieren.

»O fein! Ich komme runter!« jubelte das Kind und tat, was tausend andere Kinder auch getan haben würden.

Er setzte sich mit dem Hosenboden auf das Treppengeländer aus blankem Mahagoni und begann dem weiten Bogen der Treppe folgend darauf herunter zu rutschen.
»Nein, Leonidas, nein!« wehrte Jane erschrocken und setzte die Tasse ab. Noch gab sie sich Mühe, die Panik in ihrer Stimme zu unterdrücken. »Halt ein, Leonidas, halt ein!«
Der Ausdruck höchsten Vergnügens im Gesicht des Jungen wandelte sich zur Grimasse des Schreckens als die Fahrt unter ihm schneller und schneller wurde und er spürte, daß er ihrer nicht mehr Herr war. Wie der Fall eines Steins sich beschleunigt und nicht aufzuhalten ist, so der sausende Ritt auf dem polierten Holz, Jane, aus dem Sessel aufgesprungen, rannte mit angehaltenem Atem zur Treppe.
»Leonidas, nein!« schrie sie noch einmal, als könne das etwas bewirken.
Noch einen Schritt brauchte sie zur Treppe, nur einen Schritt noch, als das Kind ihr zu Füßen stürzte. Ohne Schrei, ohne einen einzigen Laut blieb es dort liegen, die Augen weit geöffnet, wie in fernem veilchenblauem Staunen. Die Mutter nahm ihren Sohn in die Arme, aber da war er schon tot.

Der Tod ihres Sohnes Leonidas riß in Janes Leben eine Lücke, die sich nie mehr ganz schließen sollte. Nachdem sie auf einem italienischen Friedhof blind vor Tränen an seinem Grab gestanden und das dumpfe Kollern der Erde auf den kleinen weißen Sarg gehört hatte, war sie so schnell wie möglich nach Griechenland zurückgekehrt. Waidwund von unbegreiflichem Schmerz suchte sie Trost und Nähe des Menschen, der, wie sie glaubte, ihrem Kummer am nächsten war. Sie fuhr nach Athen zu ihrem Mann, zu Spyridon Theotoky. Gekleidet in tiefe Trauer, den schwarzen Schleier noch am Hut, stand sie vor seiner Tür.

»Spiri, o Spiri ... unser Sohn! Er hat uns verlassen ...«

Sie streckte ihm beide Arme entgegen, erhoffte die alte innige Verbundenheit durch das gemeinsame Leid. Doch wie anders reagierte Theotoky.

»Unser Sohn?« fragte er höhnisch und setzte kalt hinzu. »Das war allein dein Sohn! Mir war er lange schon verloren durch dich! Mit deinem hektischen Eifer, den du Liebe nennst, hast du ihn mir entfremdet und dich selber mir entzogen. Ich hatte weder Frau noch Sohn mehr und will auch beides nicht mehr haben!«

»Spiri«, setzte Jane völlig verwirrt an, »Spiri, ich verstehe nicht...« Sie ließ die Arme, noch nach ihm ausgestreckt, kraftlos fallen. »Spiri, wir waren doch glücklich miteinander, ich meine, früher einmal ...«

»Ja, früher einmal. Das ist vorbei. Ich geh meiner Wege, und du gehst deiner.«

»Du meinst ... Scheidung?«

»Das kannst du halten, wie du willst. Von mir aus bleibe Gräfin Theotoky. Auf Dukades hast du eine Heimstatt, so lange du es wünschst.«
Damit war wohl alles gesagt. Ohne ein versöhnliches Wort war sie gegangen, ungetröstet und zutiefst enttäuscht. Nach Korfu wollte sie nicht mehr. Dort hätte sie jeder Stein, jeder Baum, jeder Busch an Leonidas erinnert. Sie blieb in Athen und mietete sich am Rande der Stadt auf dem Hodos soczatans eine luxuriöse Villa. Wenn auch umsorgt von zahlreicher Dienerschaft und selbstverständlich von der treusorgenden Zofe Eugénie, lebte Jane hier doch ganz allein. Einsam aber blieb sie nicht. Dafür sorgte König Otto, der sich glücklich schätzte, jemanden zu haben, mit dem er sich über München unterhalten konnte, über seinen Vater und über die sorglosen Zeiten seiner Jugend. Fast täglich gingen Aufforderungen in der Villa auf dem Hodos soczatans ein, den König bei offiziellen Anlässen zu begleiten, mit ihm auszureiten oder auf die Jagd zu gehen, an Bällen teilzunehmen oder einfach zum Diner im kleinen Kreis aufs Schloß zu kommen. Ihre Beliebtheit bei Hof zeigte alsbald ihren Niederschlag in der ganzen Stadt. Es hagelte förmlich Einladungen in alle großen Häuser, zu Festen und Veranstaltungen jeder Art. In wenigen Wochen spielte Jane in Athen wieder eine Rolle wie sie sie vor langer Zeit in München gespielt hatte. Aber obwohl viele Jahre vergangen waren, hatte sie nichts an Schönheit und persönlicher Anziehungskraft verloren. Männer lagen ihr wieder zu Füßen, darunter die schmucksten englischen Marineoffiziere, die aus der Hafenstadt Piräus herüberkamen. Doch Jane, noch befangen im zweifachen Verlust des Sohnes und des Ehemannes, hatte für Blicke, Buketts

und Briefchen keine Augen, für Komplimente und Beschwörungen keine Ohren. Ihre Beziehung zu König Otto, dem acht Jahre Jüngeren, hatte bei aller Verehrung des jungen Monarchen für die erfahrene, reife Frau, etwas so beruhigend Kameradschaftliches, daß Jane seine Nähe lieber suchte als den Glanz und Glamour großer Gesellschaften.

»Mein armer Papa«, sagte Otto bei einer ihrer Unterhaltungen, »seit der Abdankung ist er ganz konfus.«

»Ja, ja, armer Ludwig«, stimmte Jane ein, »mehr noch als der Verlust des Throns wird ihn die Untreue der Gräfin Langenfeld geschmerzt haben.«

»Sie dürfen sie ruhig wieder bei ihrem eigenen Namen nennen, diese Langenfeld – Lola Montez, eine kleine Tänzerin, weiter nichts!« Der König hielt sich in der Verachtung für die Geliebte seines Vaters, die so viel Unglück über ihn gebracht hatte, nicht zurück.

»Das schlimmste aber ist«, fuhr Otto ernsthaft besorgt fort, »daß Papa Geld braucht. Er verlangt allen Ernstes die Rückerstattung der Bezüge, die er während des griechischen Freiheitskampfes zur Verfügung gestellt hat.«

»Ludwig braucht Geld?« fragte Jane einigermaßen verwundert, »wenn ich irgendetwas tun kann ... Majestät wissen ja, ich bin nicht ganz unvermögend ...«

»Um Gottes Willen, nein! Es handelt sich um eine Anleihe von eineinhalb Millionen Gulden! Nicht einmal die Zinsen könnte mein Kabinett derzeit aufbringen.«

»Oh ...« machte Jane und dachte an all die Bauten und öffentlichen Einrichtungen, die Ludwig geplant und nun nicht mehr vollenden konnte. »Und König Max?« fragte sie mit schwacher Hoffnung.

»Mein Bruder schlägt in seiner Regierung einen völlig

anderen Kurs ein. Er versteht sich mit Papa überhaupt nicht...«

In diesem Augenblick trat Königin Amalie zu ihnen. »Ich bin untröstlich«, begann sie süßsauer, »das traute tête-à-tête zu stören, aber Sie werden erlauben, liebste Gräfin, daß ich meinen Mann einen Augenblick für mich beanspruche...« Das war ungezügelte Eifersucht. »Otto, ich muß dich sprechen!« herrschte sie ihn an.

Jane zog sich sofort diskret zurück. Otto tat ihr leid. Zwar war aus ihm, dem gehemmten Jüngling, längst ein verantwortungsvoller Regent geworden, aber dennoch wußte jedermann, daß innerhalb des königlichen Palastes Amalie die Zügel fest in der Hand hielt.

König Otto standen zwei persönliche Adjutanten zur Verfügung. Der eine war seit Jahren Theotoky. Da er und Jane aus Rücksicht auf diesen Posten anfangs das Gesicht wahrten und ihre Trennung nicht an die große Glocke hängten, beging Königin Amalie einen verfänglichen Fehler. Seit Janes Rückkehr hatte sie in der blonden Engländerin, wie sie sie nannte, eine Rivalin gesehen und sie mit Haß und Eifersucht verfolgt. Wenn ich Theotoky vom Hof entferne, so hatte sie sich irrtümlich gesagt, dann wird auch seine Frau gehen. Sie brachte Otto dazu, Theotoky als Botschafter ins Ausland zu schicken. Das aber war die Rechnung ohne den Wirt. Theotoky reiste ab, aber Jane blieb. Ja schlimmer noch, Jane begegnete eines Tages ahnungslos dem zweiten königlichen Adjutanten, dem Amalies ganze Sympathie und heimliche Zuneigung gehörte, General Xristodolous Hadji-Petros, Gouverneur der Provinz Lamia im Nordosten, als persönliche Auszeichnung an den Hof berufen, da er sich als Partisanenführer in den Befreiungskriegen besondere Verdienste erworben hatte. Palikare, aus dem tiefsten Albanien stammend, eher Bandit und Straßenräuber denn ein Höfling, aber von jener kriegerischen Tapferkeit der Albaner, wie schon Byron sie besingt:

> *Rauh sind Albaniens Söhne, dennoch schmücken*
> *auch Tugenden dies wilde Berggeschlecht.*
> *Wo sahn die Feinde jemals ihren Rücken?*
> *Wer trägt die Last des Kriegs so ungeschwächt?*

Mit all den Ringen an den Fingern, Ketten und Goldgeflitter um den Hals, das Hadji-Petros so liebte, der bunten, wenn auch malerischen Phantasieuniform, darüber das Fell eines selbsterlegten Bären, ein kühnes Gesicht, blitzende Augen, der Bart schwarz und wirr, von Silbersträhnen durchzogen, war er trotz seiner beinahe siebzig Jahre ein Mann wie es keinen anderen gibt. Jane, mit Kennerblick, erkannte das sofort. Das war der Mann, den sie in ihren Träumen suchte! Wild, frei, urwüchsig. Hier war nichts vom überzüchteten Dandy, vom Hochmut westlicher Aristokratie, von erzbravem Junkertum oder verspielter Eitelkeit, dies war Natur, ein Bergkristall, ungefaßt und ungeschliffen.
Jane war fasziniert und begeistert schon bei der ersten Begegnung mit Hadji. Seine dunklen Augen ruhten aggressiv und dennoch abwägend auf ihr und die ihren gaben veilchenblau und furchtlos Antwort. Sie war wieder Frau, war wieder auf der Suche und wieder bereit, zu finden und sich finden zu lassen. Doch eines wurde sie nicht gewahr. Sie war in diesem ersten anscheinend unbeobachteten Augenblick endgültig zur Widersacherin der Königin geworden, verhaßt und ihrer unversöhnlichen Rache sicher.
Es war Otto, der Jane mit Hadji bekannt machte.

»Liebste Lady Jane«, Otto bevorzugte noch immer diese Anrede, »lernen Sie den treuesten meiner Diener und Freunde kennen! Hier in Athen ist er des Königs Zerberus, bei seinen Leuten im Norden aber ist er selber König.« Das war mit freundlichem Spott gesprochen, doch unverkennbar mit Hochachtung vermischt.
»Und Ihnen, lieber General, erlaube ich, meiner Freundin, der Gräfin Theotoky, in Ehrfurcht die Hand zu küssen. Sie erfreute zwei Generationen das Herz eines Wittelsbachers, hat aber, wie Sie sehen, das Geheimnis ewiger Jugend ...« Er wollte weiterreden, aber er brauchte nichts mehr zu sagen. Die beiden hatten sich gefunden.
Jane lud Xristodolous ein, sie zu besuchen.
»Ich würde mich freuen, General, Sie an meinem jour-fix begrüßen zu dürfen.«
Xristodolous kam und blieb die ganze Nacht. Es war eine Nacht so voller Glut, daß Jane ungeachtet ihres wechselvollen Lebens, glaubte, das erste Mal zu lieben. Diese ständig sie begleitende Suche nach der einen großen und wahren Liebe, sie schien in dieser Nacht ihr Ziel gefunden zu haben. Jane war zu neuem, hoffnungsvollem Leben erwacht. Sie war glücklich. Und da für Jane Gefühl ohne Konsequenz, Glück ohne Bekenntnis undenkbar war, stellte sie, einem Schwur gleich, Hadji-Petros beides in Aussicht.
»Ich lasse mich von Theotoky scheiden und gehe mit dir, wohin du willst!«
Es gab da etwas, das die romantische Lady bewog, sich um den Palikarenhauptmann zu bemühen. Ohne zu ahnen, daß sie der Königin in die Quere kam, hatte Jane gespürt, daß Xristodolous der begehrte Mittelpunkt aller Damen des Hofes war. Wo immer der

alte Recke auftauchte, war er umgeben von der Aura weiblicher Verführung und Bereitwilligkeit. Frauen jeden Alters und jeden Standes bekamen jenen sehnsüchtigen Ausdruck im Auge, schlugen jenen gurrenden Ton an, der seit Evas Zeiten stets ein und dasselbe bedeutet hatte. In Jane löste das Bemühen der anderen ganz instinktiv die Reaktion aus, in die Arena zu steigen, um die Konkurrenz zu übertrumpfen. Gott und das Schicksal hatten sie ja mit allen dazu nötigen Mitteln ausgestattet. Sie war schön, auch jetzt mit ihren dreiundvierzig Jahren. Ihr volles Haar schimmerte noch immer in sattem Gold, ihre Haut war so glatt wie eh und je, ihre Figur, wenn auch stattlich, so doch immer noch mädchenhaft schlank und biegsam. Sie konnte es wahrhaftig mit jeder Frau aufnehmen und ihr ureigenster Instinkt rief sie dazu auf. Im ersten Anlauf hatte sie den von allen umschwärmten Mann, diesen Bären, diesen Berglöwen, für sich erobert und wollte ihn nun behalten. Dazu setzte sie alles ein, was sie hatte, ihre List, ihre Leidenschaft, ihr offenes, ehrliches Herz, aber auch ihr Vermögen an Geld und Gut. Xristodolous liebte Schmuck, sie kaufte ihm, was nur glänzte und glitzerte. Das Haus, in dem sie ihn nun fast jede Nacht empfing, war ihr zu klein und auch nur zu Miete. Es genügte nicht als Rahmen, wie sie ihn sich vorstellte, um darin als Generalin, die sie ja nun bald werden würde, zu residieren. Sie gab einen Palast zu bauen in Auftrag, weitläufig und prächtig, mit Altanen und schattigen Höfen, und vor allem Stallungen, die sie alsbald mit edlen Pferden zu füllen hoffte. Hier wollte sie ihren Xris, wie sie ihn bald nannte, verwöhnen und verhätscheln, seinen Wünschen zuvorkommen und vor allem seine Liebe genießen.

Neben der elementar aufbrechenden Leidenschaft für diesen Mann gab es noch ein zweites, das Jane alsbald innig an ihn band. Hadji-Petros hatte einen Sohn, einen Jungen von etwa sieben Jahren namens Eirini. Hadji war ihm ein stolzer und auch zärtlicher Vater, und wer auch immer seine Mutter gewesen war, sie hatte ihm eine zarte Statur und hellblondes Haar vererbt. Jane nun, als sie das Kind zum ersten Mal sah, war wie elektrisiert.

»Mein Leonidas!« rief sie aus und kniete weinend vor dem Jungen nieder, um ihn an ihre Brust zu ziehen. »Mein Gott, er ist mir wiedergegeben, mein Leonidas!« Sie konnte sich gar nicht beruhigen und verstieg sich in die Idee, ihr eigenes Kind wiedergefunden zu haben bis hin zu der Absicht, ihn adoptieren zu wollen.

»Er soll die beste Erziehung in Europa genießen, die teuersten Schulen besuchen, in Paris und London studieren!«

»Das wird er nicht«, wehrte Hadji lachend, aber bestimmt ab, »er bleibt bei mir, bei meinem Volk. Bald, wenn ich in die Berge zurückkehre, wird er mit mir kommen, mit mir reiten und jagen, mit mir und meinem Volk leben.«

Jane hörte aus seinen Worten nur heraus, daß er fort wollte, daß eine Trennung zu befürchten war.

»Du willst fort? Wann?«

»Bald.«

»Du wirst Urlaub brauchen. Du bist akkreditiert bei Hof!«

»Pah«, machte Hadji verachtungsvoll und lachte wieder, »pah, bei Hof! Diesem Zirkus! Das ist kein Leben! Nicht für mich. Ich brauche Luft zum Atmen, die Weite um mich und den Himmel über mir! Ich brauche Wind und Wetter, Sturm und Regen, aber auch die Sonne ... ich brauche Freiheit!«

Jane horchte auf. Hadji malte da ein Bild vor ihren Augen, das sie faszinierte. Auch ihr war das Hofleben lange schon wie ein halbseidener Zirkus vorgekommen, ein heuchlerisches Dasein voller Intrigen, ein Leben im goldenen Käfig, wie es ihrer im Grunde ungebändigten Natur zuwiderlief. Und spontan sagte sie das, was ihr wie das Ei des Columbus erschien.

»Nimm mich mit!« Und da sie den zweifelnden Ausdruck in Xristodolous kohlschwarzen Augen sah, wiederholte sie: »Nimm mich mit dir, Xris! Ich kann reiten, ich kann schießen, ich fürchte mich vor nichts! Ich möchte bei dir sein, als deine Frau, als deine Gefährtin ...«

Plötzlich war da ein Verstehen im kohlschwarzen Blick und so etwas wie leuchtende Zustimmung.

»Beim Styx! Das wär etwas!« Was immer er sich dabei vorstellte, die begehrenswerte Frau in seinem Zelt, die Lady als ein Pfand für mancherlei, was er zurückließe, vor allem aber den Spaß, den er mit ihr haben würde, und vielleicht, wer weiß, auch ein wenig Herzenswärme, die er nicht mehr missen wollte.

Er riß sie in seine Arme, daß die Ketten und Goldgehänge nur so klirrten und stieß dabei sein dröhnendes Lachen aus.

»Bei Gott und allen sieben Weltwundern, du bist ein

Teufelsweib! Ich nehme dich mit. Mit mir in die Berge! Gleich morgen brechen wir auf.«
Diese Reise wurde die erste, zu der Jane nicht ihrer Zofe Eugénie die Order gab, zahllose Koffer zu packen. Ein paar lederne Taschen, die man einem Maultier aufladen konnte, mußten genügen, und Eugénie selbst hatte in Athen zu bleiben. Dort war immerhin der in Angriff genommene Bau des neuen Hauses zu beaufsichtigen, denn so sehr auch das Abenteuer in den Bergen lockte, gedachte Jane doch eines Tages mit ihrem General an der Seite in die Zivilisation und an den Hof zurückzukehren. Sie bedurfte des einen wie des anderen, der Sonne heiße Strahlen ebenso wie des Mondes sanften Silberglanzes.
Zudem hatte man entgegen Hadjis ursprünglicher Absicht beschlossen, seinen Sohn Eirini in der Obhut Eugénies zurückzulassen, bis man ihn später nachholen könne. Jane, um seine Erziehung bemüht, hatte ihm für die Zwischenzeit die besten Lehrer bestellt, um ihn auf die Erfordernisse westlicher Kultur vorzubereiten. Die Idee der Adoption und folglich Protektion dieses Ebenbilds ihres Leonidas hatte sie noch nicht aufgegeben.

Die Reise mit Hadji-Petros in den Nordwesten des Landes wurde dann zum Abenteuer, genau wie Janes romantische Sehnsucht sich gewünscht hatte. Eine kurze Strecke, nämlich soweit ein unter den Bayern gut ausgebautes Straßennetz vorhanden war, konnte Jane im Wagen reisen, dem zur Seite der Palikarenhauptmann ritt, nur von wenigen Leuten seiner Bedienung begleitet. Doch diese Bequemlichkeit war Jane nur etwa drei Tage gegönnt.

Mit plötzlichem Ruck blieb der Wagen stehen, der Hauptmann steckte seinen bärtigen Wuschelkopf zum Fenster herein.

»Von hier an geht's nicht weiter«, teilte er Jane mit.

»Was soll das heißen, es geht nicht weiter?«

»Nicht mit dem Wagen, die Gebirgswege sind zu schmal ...«

»Bring mir ein Pferd«, rief Jane unbekümmert, »ich reite wie du.«

Eines der Pferde wurde ausgeschirrt, bekam einen Sattel auf den Rücken, den Jane vorsorglich im Gepäck mitführte, und schon ging es weiter. Das Mißtrauen der Männer den Reitkünsten einer Dame gegenüber, wandelte sich sehr bald in Bewunderung. Jane trieb das Tier sicher die immer steiler werdenden Pfade hinan und saß dabei kerzengerade und dennoch geschmeidig auf ihrem nach westlicher Sitte gearbeiteten Reitsattel.

Die Männer überboten sich, ihre Hochachtung in kleinen Dienstleistungen unter Beweis zu stellen.

»Hat die Herrin vielleicht Durst? Möchte die Herrin einen Schluck kühlen Wassers?«

Und schon setzte einer ihr seinen Trinkschlauch an die Lippen. Sobald Jane Müdigkeit zeigte, behaupteten sie ihrerseits müde zu sein, um sie nicht bloßzustellen.

»Wir sollten eine Pause machen, Herrin, wir sind wirklich ganz erschöpft.«

Jane, die tatsächlich die Strapazen des Rittes am ganzen Leibe spürte, ging dann dankbar auf ihre kleine Schwindelei ein. Und wenn sie sich wieder erhob, um erneut das kleine Vollblut zu besteigen, sprangen auch die anderen auf ihre Pferde, und weiter ging der beschwerliche Ritt voller Tücken. Erst als sie eine weite, karstige Hochebene von fremder bizarrer Schönheit erreicht hatten, wurde der Weg etwas bequemer. Und dort oben auf diesem Hochplateau geschah etwas gänzlich Unerklärliches. Hadji-Petros hatte keinen Boten vorausgeschickt und keinerlei Nachricht über den Zeitpunkt seines Eintreffens gegeben, und dennoch erschien gegen Mittag des siebten Tages ihrer Reise am gegenüberliegenden Kamm einer Hügelkette eine Reihe von Reitern. Sie waren in der glasklaren Bergluft gut zu erkennen, trugen alle wilde Uniformen aus Fellen und bunten Flicken. Altertümliche Musketen über der Schulter, saßen sie auf trittsicheren zottigen Pferdchen, mit denen sie sich jetzt, einer Sturzflut gleich den Abhang herunterstürzten. Es mochten an die tausend Reiter sein. Alsbald hörte man ihre Rufe und das wilde Schießen ihrer Gewehre als Ausdruck ihrer Freude.

Im Nu waren sie heran und umringten böllernd und schreiend ihren Führer und Fürsten, den sie viele Monate schon hatten entbehren müssen.

Für Jane blieb es ein Rätsel, wie sie die nahende Ankunft ihres Herrn erraten hatten. Sie nahm es hin als eines der Wunder dieser einfachen, durch keinerlei Zivilisation verdorbenen Menschen. Sie sollte derlei unter ihresgleichen späterhin noch mehr erleben.

Jane und Hadji-Petros setzten ihren Weg über die Hochebene fort, hinter sich, neben sich, ungeordnet, undiszipliniert, laut und geschwätzig, die Masse der Reiter. Ihre Freude über die Rückkehr ihres Anführers hielt unvermindert an. Jane gegenüber zeigten sie eine natürliche Ehrerbietung und ein gewisses Selbstverständnis. Es war wohl nicht das erste Mal, daß ihr General sich eine schöne Frau mitgebracht hatte.

Später zog ihnen zu Fuß weiteres Volk entgegen, Schafherden mit sich führend. Begrüßung und Freude spielten sich ähnlich ab, aber ohne jenes ohrenbetäubende Schießen und Schreien.

Am Fuß einer Felsengruppe schlug man ein Lager auf und eine geradezu biblische Szenerie entfaltete sich. Etliche Feuer wurden entzündet, Hammel geschlachtet, ein Braten und Brutzeln begann, verlockender duftend als alle Speisen, die Jane in den feinsten Restaurants und Hotels Europas genossen hatte. Dunkler Wein floß aus Lederschläuchen, und die hohen, dünnen Töne von einem Dutzend Fiedeln forderten zum stampfenden monotonen Tanz. Längst war es Nacht geworden, der matte Schein niedergesunkener Flammen lag noch immer auf den verwitterten Gesichtern der tanzenden, trinkenden Männer, als Xristodolous Jane bei der Hand nahm.

»Komm«, sagte er nur, und schon spürte Jane alle Verheißung, die in diesem kurzen Wort lag, die Glut seiner Leidenschaft ebenso wie zarte, ja rührend unbeholfene Zärtlichkeit.

Hadji-Petros führte Jane weit ab ins hohe unberührte Gras der Ebene. Dort liebten sie sich unter den blinkenden Sternen eines schier unendlichen Himmels. Sie sprachen kein Wort, aber Jane glaubte sich am Ziel eines langen Weges der Suche, der Irrtümer und der niemals versiegenden Hoffnung. Ja, sie war sich ganz sicher, dieses Ziel erreicht zu haben.

Es war schon hell, als der General und seine schöne Geliebte zum Lager zurückkehrten. Die meisten der Leute waren abgezogen, um in ihre festen Dörfer zurückzukehren, nur ein Haufen von etwa hundert Reitern war geblieben, jener Stamm der Palikaren, eher

Briganten denn Soldaten, die getreu mit Hadji-Petros gegen die Türken gekämpft hatten. Mit ihnen zog Jane weiter, am Tage reitend, des Nachts am knisternden Lagerfeuer im Arm ihres Fürsten ruhend. So kamen sie zu einem Häuflein Hütten und Höfen, die der Palikare seine Hauptstadt nannte. Gemeint war nicht die Hauptstadt der Provinz Lamia, die er vom König in seiner Eigenschaft als Gouverneur unterstellt bekommen hatte, sondern seiner ureigenen Heimat, einem imaginären Fürstentum, besser gesagt Räubernest, bereits auf albanischem Gebiet, bar jeder Legitimation durch politische Grenzführung. Und richtig erhob sich jenseits der ärmlichen Häusergruppe ein palastartiges Gehöft von bescheidener Pracht, in das Jane nun Einzug hielt.

Ein langer, heißer, flirrender Sommer begann, ein Leben der Antike verschwistert, der Neuzeit entrückt, frei von Zwängen, allein Gott Eros opfernd.

Doch lange sollte die Idylle nicht währen. Ein Bote kam aus Athen. Er brachte Hadji-Petros den Befehl, augenblicklich an den Hof zurückzukehren, und er gehorchte. Er allein. Jane, die seinen Einspruch, jedwede Rebellion erwartet hatte, konnte es nicht fassen.

»Sorg dich nicht«, sagte Xristodolous ungewohnt sanft, »man wirft mir etliches vor. Ich werde das aufklären. In zwei bis drei Wochen bin ich zurück.«

»Was wirft man dir vor, Xris?« begehrte Jane zu wissen und einem Verdacht nachgehend, den sie schon längst hegte, gab sie sich selbst die Antwort. »Du hast niemals um Urlaub bei Hof ersucht? Bist einfach abgereist, ohne Erlaubnis dem Dienst ferngeblieben?«

Hadji-Petros lachte nur und ritt folgsam wie ein Lamm mit dem Boten, dieser gänzlich unbewaffnet, nach

Athen zurück. Jane wartete die zwei bis drei Wochen ab. Der General kehrte nicht zurück. Jane wartete weitere Wochen ab, dann fiel es ihr nicht schwer, unter den Getreuen Hadjis welche zu finden, die sich ebenso um ihn sorgten wie sie.
Der erste Schnee lag auf den Bergen, als Jane mit sechs Mann Begleitung aufbrach. Sie wollte Gewißheit.

Was war in Athen geschehen? Daß der freiheitsliebende alte Kämpe Hadji-Petros eigenmächtig seinen Dienst als aide-de-camp bei Hof quittiert hatte, das nahm König Otto nicht weiter tragisch. Aber als Königin Amalie Gerüchte zu Ohren kamen von heidnischen Festen und dionysischen Gelüsten, deren Mittelpunkt die von ihr gehaßte Gräfin Theotoky oder jetzt, da sie sich hatte scheiden lassen, Lady Jane, war, sorgte sie dafür, daß Hadji zurückbeordert wurde. Dem Boten, der dieses bewerkstelligen sollte, waffenlos und ohne Gewalt, gab sie nur ein einziges Zauberwort mit auf den Weg: Geld. Ein königlicher Kreditbrief in fast unbegrenzter Höhe warte in der Stadt, während das Vermögen der englischen Lady so gut wie aufgebraucht sei, eben aus diesem Grund habe sie ja auch den Szenenwechsel ins primitive Leben mitgemacht.
Hadji-Petros glaubte seiner Königin, zumal sie ihn in Privataudienz unter vier Augen empfing. Demütig bekannte er seine Insubordination und warf sich ihr zu Füßen. Niemand war dabei, der bezeugen könnte, ob er sich nicht auch in ihre Arme warf.

Als Jane an einem windigen Tag in die Stadt einritt, suchte sie zuerst ihren neuen Palast auf, von dem ihre Bauleute gemeldet hatten, daß er so gut wie fertig sei.

Sie wollte ein heißes Bad nehmen und die Kleidung wechseln, ehe sie Xristodolous aufsuchte. Tatsächlich war der Palast so gut wie fertig. Der hübsche Innenhof nahm sie auf, die Männer stellten ihre Pferde in die weiten noch leeren Stallungen ein, Jane, ganz allein betrat die Marmorhalle mit der weitschwingenden Treppe. Daß niemand sie begrüßte schien ganz natürlich, denn noch wohnte, trotz Möbeln, Tapeten, Teppichen, Springbrunnen und Palmenkübeln, niemand in dem Haus. Jane stieg die Treppe hinauf, öffnete hier eine Tür und dort eine, fand alles ihren Anordnungen entsprechend eingerichtet. Die Tür dort mußte zu ihren eigenen Räumen führen, dem kleinen Vorzimmer, dem Baderaum, dem Schlafzimmer. Ein herrliches Bett hatte sie bestellt, seidenbezogen und mit einem himmelblauen Baldachin. Ob auch das wohl dort schon stand? Sie öffnete die letzte Tür, um das Bett zu sehen. Und sie sah es, seidenbezogen und mit einem himmelblauen Baldachin. Und darin Xristodolous Hadji-Petros, erschreckt auffahrend, und neben ihm eine Frau – die treue Zofe Eugénie.

Wie eine erste Ahnung zeichnete sich in weiter Ferne die feine Linie der syrischen Küste ab. An der Reling des Schiffes von Piräus her stand Lady Jane Ellenborough. Genau wie seinerzeit nach der Scheidung von Baron Vennigen hatte sie auch jetzt nach der Scheidung von Graf Theotoky den Namen Ellenborough wieder angenommen. Mit dem General Xristodolous Hadji-Petros war es zu einer offiziellen Eheschließung nicht gekommen, und heute war sie froh darüber. Die Enttäuschung, die dieser ihr bereitet hatte, war zu groß, als daß sie ihm jemals hätte verzeihen können. Ihn mit einer anderen Frau im Bett zu finden, hätte sie noch hingenommen. Daß es aber ihre eigene, ihr seit langen Jahren vertraute Zofe Eugénie war, das gab der Sache einen unverzeihlichen Anstrich. Dem Mädchen selbst zürnte Jane noch am wenigsten, kannte sie doch die elemantare Wirkung, die dieser urwüchsige Mann auf eine Frau ausübte. Selbstverständlich war es dennoch zur Trennung Lady Ellenboroughs und ihrer Zofe gekommen.

»Nun hör schon auf zu weinen«, hatte Jane halb und halb getröstet, dem Mädchen ihr eigenes Taschentuch gereicht und dann ihr ein letztes Mal befohlen: »Pack die Koffer, Eugénie, ich verreise!«

Zu diesem Entschluß war Jane gekommen, als sie auch noch feststellen mußte, welcher Art das Interesse des Generals an ihrer Person wirklich gewesen war. In der ganzen Stadt hatte er mit ihrem Namen auf Kredit gepocht und auch erhalten. Bei ihrer Rückkehr nach

Athen fand sich ein ganzer Stapel von Rechnungen für Einkäufe, die Hadji-Petros getätigt hatte, zumeist bei Juwelieren. Seine Vorliebe für alles, was glänzt und glitzert war ja bekannt, und manches hübsche Stück hatte Jane ihm freiwillig zum Geschenk gemacht. Daß der schlaue Fuchs dann aber auch daran gedacht hatte, seine Zukunft mit dem Glitzerkram abzusichern, warf ein ganz anderes Licht auf den alten Haudegen. Weiter überlegt hatte Königin Amalie, als sie nicht nur Hadji fälschlich die Nachricht zukommen ließ, das Vermögen der Lady Ellenborough sei nicht unerschöpflich, sondern auch die Händler der Stadt diesbezüglich warnte. Sie hatte damit Jane als ihre Rivalin in der Gunst des Generals ausgeschaltet, aber ihr auch einen Gefallen getan.

Sie hatte Jane gründlich die Augen geöffnet. Noch wie betäubt von Kummer und Schmerz, andererseits ernüchtert von der Entdeckung war Jane mit sich zu Rate gegangen. Gleichermaßen wie damals in Paris entschied sie: »Ich muß fort aus dieser Stadt, fort aus diesem Land, möglichst weit fort!« Aber wohin?

Wie ein Wink des Himmels fiel Jane, die immer gern gelesen und sich stets um Neuerscheinungen der Literatur bemühte, ein Buch in die Hände über die Expedition der Lady Hester Stanhope, die diese vor zehn Jahren ganz auf eigene Faust unternommen hatte. Der Bericht über ihre Abenteuer war so faszinierend, daß Jane spontan beschloß, es ihr gleich zu tun und ebenfalls eine Expedition zu unternehmen. Auf den Spuren ihrer Landsmännin wollte sie tief in syrisches Gebiet eindringen, das ihr wie eine Synthese aus Bibelüberlieferung und Altertumsforschung erschien. Für das eine wie für das andere hatte sie sich stets interessiert und hatte zudem ihr Freund und Bayernkönig dies Interesse in ihr gefördert und vertieft. Nun wollte sie es selbst sehen, das Tal des Jordan, die Stadt Jerusalem, die Ausgrabungen von Baalbek, und vielleicht auf einer nördlichen Route das byzantinische Hawarin und griechische Ruinen in Palmyra.

So war Jane nun unterwegs in ein neues unbekanntes Land, bereits dem Orient zugehörig, fremd und geheimnisvoll, und gerade deswegen von fast magischer Anziehungskraft. Sinnend stand sie dort an der Reling, in ein weites silbergraues Samtcape gehüllt, das lichtgoldene Haar unter einer Kapuze gegen den feuchten Morgennebel geschützt. Zum Glück war man nicht mehr abhängig von Äolos, dem Herrn der Winde, wie es Janes Vater, Capitain Digby, noch gewesen war. Eine kräftige Maschine tuckerte im Leib des Schiffes und brachte es der Küste näher und näher. Gegen Mittag legte das Schiff im Hafen von Beirut an. Der Kapitän erlaubte der reichen englischen Lady, ihre Kajüte noch beizubehalten, gegen entsprechenden Aufpreis versteht sich, bis ihre Weiterreise nach Damaskus geregelt war. So traf Jane der erste Ansturm orientalischer Eindrücke, neben Merkmalen historischer Kunst und Kultur, vor allem Hitze, Geschrei und Gestank.

Von Beirut nach Damaskus führte etwas, das man eine Straße nennen konnte, und das Jane in zwei gemieteten Wagen, einen für sich und einen für eine ungeheure Menge von Gepäckstücken nicht allzu unbequem innerhalb von drei Tagen überwand. Damaskus dann empfing sie wie eine Offenbarung. Das war der Orient schlechthin, eine Märchenstadt, eine Wunderwelt!

In einer sanft abfallenden Talsenke gelegen, schien es nur aus strahlend weißen Häusern und Mauern zu bestehen, hier und da eine grünliche Kuppel, schier unzählig die schmalen spitz zulaufenden Minarette, die Türme der Moscheen, und von der Ferne ihnen ähnlich einzelne dunkelgrüne Zypressen.

Ihr erster Weg führte Jane zum britischen Konsul. Sie teilte ihm ihr Vorhaben mit, das Land zu durchforschen, in die drei Himmelsrichtungen Nord, Süd und Ost je eine Expedition zu unternehmen.

Der britische Konsul schlug die Hände über dem Kopf zusammen.

»Sie, Mylady, Sie allein?«

»Natürlich unter der Leitung eines einheimischen Führers! Einen solchen auszusuchen und für mich zu verpflichten, darum wollte ich Sie bitten.«

»Einen solchen Führer brauchen Sie in jedem Fall, aber ich dachte mehr an eine Reisegesellschaft, der Sie sich anschließen könnten, Mylady, oder zumindest einen Ihnen bekannten persönlichen Begleiter.«

»Nichts dergleichen, lieber Konsul, ich bin allein und will es auch bleiben. Ich brauche lediglich ein paar Leute für mein Gepäck und einen landeskundigen Mann, der mich zu den Sehenswürdigkeiten führt. Für entsprechenden Lohn werden Sie so etwas doch auftreiben können?«

Noch immer rang der Konsul die Hände.

»Selbstverständlich kann ich das, Lady Jane, es ist die übliche Gepflogenheit hierzulande. Aber eine Dame allein ...«

»Ich kann schon für mich einstehen«, unterbrach Jane den Konsul jetzt etwas ungeduldig, »was soll mir schon viel passieren!«

»Nun«, meinte der Konsul und legte jetzt seine Hände flach auf den Tisch, »es könnte Ihnen geschehen, was hierzulande immer wieder geschieht. Irgendein Scheich bewirbt sich mit seinen Leuten, eine Gruppe von Giauren durch die Wüste zu geleiten, voll für deren Sicherheit einzustehen, während sie längst mit einem anderen Stamm verabredet haben, einen Überfall zu inszenieren und sich die Beute anschließend zu teilen.«

»Aber lieber Konsul«, lachte Jane, »eben das mag sich bei einer größeren Reisegesellschaft lohnen, aber eine Lady allein? Was führe ich schon groß mit mir, das als Beute von Interesse wäre? Meine Kleider und ein paar Piaster. Die Reisekasse ist längst sicher hinterlegt.«

»Das wissen diese Leute selbstverständlich, ebenso wie sie wissen, wer ein Goldfisch ist. Sie nehmen Sie als Geisel und verlangen Lösegeld. Nach unauffindbarer Haft in freier Wüste oder im Keller einer alten Ruine zahlen Sie willig ihren letzten Penny, um in die zivile Welt zurückzukehren!«

Der Konsul hatte mit verbissenem Grimm gesprochen, und Jane konnte nicht umhin, Ernst und Umsicht seiner Warnung anzuerkennen.

»Nun gut, Konsul, Sie haben gesagt, was Sie zu sagen hatten. Ein weißes Schaf wird es aber doch unter den schwarzen geben, und eben jenen suchen Sie nun für mich aus. Ich warte, bis sie ihn gefunden haben, und wenn es Wochen dauert. Ich lasse Sie wissen, wo Sie mich finden.«

Es dauerte dann tatsächlich Wochen, in denen Jane, die Wartezeit auszufüllen, Damaskus durchstöberte. Diese Stadt verzauberte sie mehr und mehr, ihr Fluidum versetzte sie in einen Rauschzustand, der sie alles vergessen ließ, was hinter ihr lag. Wenn fünf Mal am Tag die Stimme der Muezzim in sich überschlagendem Falsett zum Gebet rief, wenn sie sich durch das Gewirr der überfüllten Bazare schob, durch Gassen, so eng, daß ein einzelner Esel kaum hindurchkam, wenn sie einen Blick in die Karawansereien warf, so groß und weit wie Notre-Dame in Paris, wenn sie die wuchtige Zitadelle besichtigte, das türkische Bad oder Saladins Grabmal, dann spürte sie, wie sie alle Bitterkeit hinter sich ließ, die Enttäuschung über Xristodolous, das Zerbrechen ihrer Ehe mit Theotoky, ja sogar an Venningen dachte sie nicht mehr, nicht an ihre glühende Liebe zu Fürst Schwarzenberg und die Schmach der Ellenboroughschen Heirat. Alles das lag Meilen und Jahrhunderte hinter ihr, machte sie bereit für neues und großes Erleben, dem sie sich mit fast kindlicher Glut öffnete. Doch eines nahm sie in jeden Abschnitt ihres Lebens mit hinüber, die Hoffnung und den Glauben an die Liebe.

Wie es Janes Art war, mietete sie auch in Damaskus sofort eine luxuriöse und geräumige Villa für sich. Zur Straße hin abweisend fensterlos, öffnete sich drinnen eine hohe, mit Ornamenten übersäte Empfangshalle, von der aus dann schattige Innenhöfe mit blumigen Gärten sich abwechselten, verbunden durch Gänge und Galerien, einem Irrgarten gleich. Sofort engagierte sie auch Dienerschaft, meist einheimischer Herkunft, unter ihnen eine Frau vom Stamm der Bedu, die sogleich energisch das Regiment antrat. Ihr Name war Aischa, und gelehrig, wie sie war, konnte sie es alsbald mit jeder westlichen Dienerin aufnehmen, ohne auch nur ein Merkmal ihrer stolzen Herkunft zu verleugnen.

Die wenigen in Damaskus ansässigen englischen Familien machten alsbald Besuch bei Lady Ellenborough und wurden zu ihrer Verwunderung von einem vollständigen und intakten Hauswesen empfangen. Es gab den obligaten Tee, formvollendet serviert, und die Konversation bewegte sich kaum in anderen Bahnen, als sie sich in einem Pariser Salon oder einem englischen Landhaus bewegt hätte.

»Unerträglich wieder die Hitze heute, nicht wahr Lady Ellenborough?«

»Gewiß, meine Liebe, und dennoch die Nächte oft bitterkalt.«

Nur selten verstieg man sich vom alltäglichen Gesprächsstoff in die derzeitige Politik.

»Glauben Sie wirklich, meine liebe Lady Ellenborough, daß dieser Napoleon-Neffe es wagen wird, sich zum Kaiser der Franzosen proklamieren zu lassen?«

»Nun, als Präsident hat er sich ja sehr gut bewährt, und wenn ich bedenke, mit welchem Stolz er seines großen Onkels gedenkt, so bin ich fast sicher, er wird den Sprung auf den Thron wagen.«

»So, so, meine Liebe ... Sie sagen das so enthusiastisch?«

»Nun, ich kenne Prinz Louis und das nicht nur als guten Freund, sondern als scharfsinnigen Politiker von brillanter Intelligenz.«

»So, so, Lady Jane, so, so ...«

Man schüttelte mehr oder weniger nur den Kopf über Janes Engagement in politischen Dingen und gewöhnlich teilte man sich untereinander nur mit, wo es billige Seidenstoffe zu kaufen gäbe oder wo man weißen Zucker ergattern könne. Die Pläne der Lady Ellenborough, in Begleitung irgendwelcher obskurer Araber in die Wüste hinauszureiten, um sich altes Gemäuer zu betrachten, erwähnte man höflichkeitshalber lieber nicht, man hätte ihr nur ins Gesicht hinein sagen müssen, für wie extravagant man ihre Absicht hielt, sie selbst gar für völlig verschroben.

Und eines Tages war es dann soweit. Der britische Konsul ließ Lady Jane wissen, er habe einen geeigneten Führer gefunden. Scheich Medjuel El-Mezrab sei bereit, sich ihr mit seinen Beduinen zur Verfügung zu stellen und gegen ein stolzes Entgelt von achttausend Franken ihre Expedition auszustatten und anzuführen. Der Scheich stamme aus bester Familie, spräche etliche Sprachen, das Englische allerdings nur recht und schlecht.

Jane eilte in das Haus des Konsuls, sich den Beduinenscheich vorstellen zu lassen. Sie fand einen Mann von mittlerer Statur, sehr schlank, drahtig, sie selbst nur um eine Handbreit überragend. Seine Haut war kaum mehr als broncegetönt, seine Augen waren sehr groß und von tiefem schwimmenden Schwarz, seine Nase kühn, seine Lippen voll, das Kinn bartlos. Gekleidet war er in einen schneeweißen Burnus, dessen Kapuze er nach hinten schob, als Jane eintrat. Sein ebenfalls tiefschwarzes Haar zeigte einen Ansatz zu Grau. Dennoch schien der Beduinenfürst um einige Jahre jünger zu sein als Jane, die ihre eigenen fünfundvierzig Jahre allerdings in nichts verriet.

Medjuel El-Mezrab gefiel Jane auf Anhieb. Sie hatte sofort das Gefühl, sich ihm unbedingt anvertrauen zu können.

»Ich freue mich, daß Sie mich führen wollen«, sagte Jane und reichte Medjuel nach europäischer Sitte die Hand. Ohne Scheu ergriff er sie und antwortete auf französisch, das er besser beherrschte.

»Die Freude ist ganz auf meiner Seite, Madame«, und

seine dunklen Augen schienen unaufdringlich ihre Sympathie zu erwidern.
Dann schmiedeten sie Pläne und trafen die notwendigen Abmachungen.
»Ich möchte als erstes die Ruinen von Palmyra und den Tempel von Tadmor sehen, dann vielleicht weiter über Resefa und Qalaat nach Aleppo.«
Medjuel verzog keine Miene. Das, was die Lady sich da vorgenommen hatte, war ein weiter beschwerlicher Weg durch Wüsten von sehr unterschiedlicher Beschaffenheit, Sand, Gestein, bergig oder flach, jedenfalls aber heiß und wasserarm. Daß er noch andere Gefahren barg, erwähnte Medjuel nicht.
»Wir werden Pferde brauchen«, sagte der Scheich stattdessen, »Kamele für die Ausrüstung und für meine Leute. Ich werde für alles sorgen. Darf ich fragen, wie Madame das Reiten gewöhnt sind?«
»Danke, ich komme im Sattel zurecht«, sagte Jane und stellte damit ihr Licht weit unter den Scheffel. Mit einem kleinen Schmunzeln schaltete sich drum der Konsul ein und versicherte dem Scheich, keine Dame in Europa säße so zu Pferd wie Lady Jane.
»Das gilt für die Fuchsjagd ebenso wie für das griechische Hochland!« fügte er hinzu, und Jane vermerkte seufzend, daß ihr ihr Ruf einmal wieder weit vorausgeeilt war.

Es geschah auf dem Ritt nach Palmyra

Es dauerte nur wenige Tage, dann stand eine Karawane von etwa zwanzig Kamelen und einem halben Dutzend Pferden samt Männern, Vorräten und dem Gepäck Lady Ellenboroughs vor der Stadt zum Aufbruch bereit. Scheich Medjuel ritt einen herrlichen schwarzen Berberhengst und wies Jane eine nicht weniger edle Schimmelstute zu, als habe er ihre Vorliebe für weiße Pferde geahnt.

Medjuel war ebenfalls wieder in strahlendes Weiß gekleidet, führte ein Paar silberbeschlagener Pistolen mit sich, während seine Männer allesamt mit Flinten unterschiedlichster Herkunft ausgerüstet und auch sonst bis an die Zähne bewaffnet waren. Unter ihnen fanden sich junge Burschen mit unbekümmerten Gesichtern, aber auch wilde Gesellen, die einen das Fürchten lehren konnten, aber allesamt schienen sie ihrem Scheich gehorsam und ergeben, was sich auch auf ihren Umgang mit der ausländischen Lady übertrug.

Medjuel und Jane, auf dem Rapphengst und der Schimmelstute, führten den Trupp an, ihnen folgten einige weitere Reiter zu Pferde, danach die Kamele, schwer beladen und unter krächzendem Protestgebrüll, das sie erst nach und nach aufgaben, um dann in schweigsam schwankenden Paßgang zu verfallen.

Stunde für Stunde verging, Damaskus verschwand in dunstiger Ferne, man ritt nach Nordost über eine sandige Hochebene. Die ersten Anzeichen altrömischer Kultur war ein Kastell nahe Dmeir, wo Baureste des Armamentarium noch gut zu sehen waren.

Jane, an Klima, Hitze und Eintönigkeit noch nicht gewöhnt, bat hier bereits um erste Rast. Sie wurde ihr von ihrem Führer gewährt, die Pferde bekamen Wasser, und die Kamele brüllten erneut ihren Protest heraus, als sie sich niederlegen sollten.

Erst in der Kühle des Abends setzte man den Ritt fort, unermüdlich, Stunde um Stunde.

Jane nahm die Luft um sich, den Wind in ihrem Haar, die Fremdheit der Gerüche und Geräusche wie den Singsang der Hufe im Sand und die kehligen Worte der Leute, alles das zusammen in sich auf und fühlte sich herausgehoben aus allem, was sie je bedrückte. Sie fühlte das Neue wie eine Droge, der sie verfallen war, ehe der erste Tag sich neigte.

Medjuel ritt ziemlich schweigsam an ihrer Seite. Die Blicke, die er halb verstohlen über sie gleiten ließ, waren von einer Anerkennung, die Jane sehr wohl bemerkte, sie aber ihrer Reitkunst und Ausdauer zuschrieb. Auch sie musterte ihren Begleiter, und das sogar ganz offen und mit unverkennbarem Interesse. Wieder gefiel er ihr außerordentlich gut. Seine Art, stolz und doch lässig im Sattel zu sitzen, die Zügel leicht in schmaler zartgliedriger Hand, das Gesicht, ihr meist nur im Profil geboten, von ruhigem, ja nachdenklichem Ernst. Nur wenn Jane ihn ausdrücklich dazu ermutigte, erzählte er ein wenig von sich und von seinem Stamm, aber ohne geschwätzig zu werden. Sein Vater habe neun Söhne aufgezogen und ihnen die beste Erziehung mitgegeben. Er selbst kenne Paris und Madrid, habe aber keinen großen Gefallen an westlichem Leben gefunden. Seßhaftigkeit sei nichts für ihn, er brauche sein Zelt und sein Pferd, dann gehöre ihm die Welt, grenzenlos und ihm allein.

Niemals hatte Jane einen Mann so sprechen hören, ihr galten bisher Karriere, Rang, Besitz und Geld als Merkmale, die den Erfolg eines Mannes ausmachten. Auf all das zu verzichten, eröffnete ihr ein neues Bild von Stolz und Freiheit eines Mannes, das sie zutiefst berührte.
»Und die Liebe«, fragte sie Scheich Medjuel, »was bedeutet eine Frau in Ihrem Leben?«
Seiner Antwort ging ein langer prüfender Blick voraus, der Jane gegen ihren Willen erröten ließ.
»Eine Frau«, überlegte der Beduine, »sie kann alles oder nichts bedeuten. Sie kann mir einen Sohn gebären oder meine Sonne sein.«
Jane senkte den Kopf und nestelte an der seidenen Kapuze, die sie über dem Scheitel trug, aber sie wußte, daß der Blick des Scheichs noch eindringlich auf ihr ruhte.

Sie ritten gerade durch eine flache Senke, als ihnen auf einem weißen Rennkamel ein halbwüchsiger Junge entgegenkam. Medjuel spornte seinen Rappen an und ritt dem Jungen ein Stück entgegen. Beide hielten an und wechselten ein paar Worte, die Jane nicht verstand. Der Junge kehrte um und nahm den gleichen Weg zurück indem er sein Kamel zu höchster Eile trieb.
»Was war los?« fragte Jane, »was wollte der Junge?«
»Oh, er hatte sich verritten«, gab der Scheich zur Antwort »ich wies ihm den Weg.«
Die Sache kam Jane äußerst seltsam vor. Dieser Junge auf dem edlen Kamel, allein in der Wüste, und wenn er wirklich die falsche Richtung ritt, so hätte er nicht umkehren, sondern sich ihnen anschließen können. Das wäre jetzt, vor Anbruch der Nacht, und gastlich, wie

Beduinen nun einmal sind, das natürlichere gewesen. Aber es ging Jane nichts weiter an, sie vergaß den Vorfall bald wieder.

Den ganzen kommenden Tag kam Medjuel Jane verändert vor. Er wirkte unruhig und blickte sich, die Hand gegen die Sonne haltend, immer wieder suchend um. Wenn seine Leute ihm etwas zuriefen, klang seine Antwort barsch und zurechtweisend. Gelegentlich bat er Jane, weiter zu reiten, blieb selbst bei seinen Leuten zurück und beriet sich mit ihnen. Mit ein paar Galoppsprüngen war er dann wieder neben Jane und gab sich betont gleichmütig. Sein Verhalten war Jane ein Rätsel, doch ihn zu fragen schien ihr angesichts seiner nervösen Geheimniskrämerei sinnlos.

Jeder der Mitreitenden hätte das Rätsel indessen lüften können. Scheich Medjuel El-Mezrab hatte genau das getan, was seinem Volk keineswegs ehrenrührig, aber doch recht einträglich erschien und was der Britische Konsul in Damaskus der englischen Lady warnend als gefährliche Möglichkeit ausgemalt hatte. Mit seinem Bruderstamm hatte Scheich El-Mezrab Überfall und Geiselnahme der reichen englischen Lady abgesprochen. Sie wollten ein Lösegeld fordern, das einem Vermögen gleichkam, und es unter sich aufteilen.

Die Absprache galt, bevor Medjuel die Lady selbst gesehen, geschweige denn meilenweit neben ihr und im Gespräch mit ihr durch die Wüste geritten war und auf diesem Ritt ein Gefühl der Hochachtung, ja mehr noch der Bewunderung und Verehrung entwickelt hatte. Und nun näherte man sich bedenklich dem Punkt, der für das Vorhaben ausersehen war. Medjuel war in der Klemme, hinter sich seine eigenen Leute, beutegierig und ungeduldig, da er das Tempo sichtbar verlangsamte, vor sich den Bruderstamm, der seit dem Vortag fieberhaft auf das Eintreffen der Karawane wartete und darum auch schon den Jungen auf dem Rennkamel geschickt hatte, um nachzusehen, wo Medjuel abgeblieben war. Was sollte er tun? Seine Ehre verlangte, seinen Leuten Wort zu halten und vor allem sie nicht um ihren Anteil zu bringen. Sein Herz, das längst laut und vernehmlich seine Stimme erhob, sagte ihm, daß er dieser englischen Lady, die so tapfer und aufrecht an seiner Seite ritt, nicht ein einziges ihrer leuchtend goldenen Haar krümmen wollte, ja, daß er ganz im Gegenteil den langen Weg von Damaskus her sich vorgestellt hatte, diese Frau einmal in sein geräumiges Zelt aus schwarzem Ziegenhaar zu führen und des Nachts mit ihr am knisternden Feuer zu sitzen. Kaum wagte er, weiter zu denken, wie es wäre, sie in seinem Arm zu halten, die Seufzer des Glücks von ihren Lippen zu hören. Von alledem zu träumen, konnte er vergessen, wenn seine Leute ihr erst einmal mit dem Dolch in der Hand ihr Geld und Gut abgepreßt hätten. Schweigsam und mit Verzweiflung im nachtschwarzen Blick ritt er weiter.

Jane wurde die Wahrheit dann mit einem Schlag klar, als sie sich Qasr al-Hallabat näherten, einer rechteckigen Dorfanlage mit vier alten Wachtürmen.

Medjuel ritt immer langsamer, seine Leute murrten unüberhörbar. Der Scheich parierte seinen Rappen ganz durch und winkte Jane ebenfalls zu halten.

Und dann brachen sie mit Geschrei hinter der Mauer hervor, fünfzig Mann, alle zu Pferd, ihre Gewehre wild in die Luft feuernd, in gestrecktem Galopp näher und näher heran. Jane blickte zu Medjuel, der wie erstarrt auf dem Rappen saß und keinen Finger rührte. Und

Jane begriff. Ein Überfall, abgesprochen, inszeniert, genau wie es der Konsul geschildert hatte. Sie würde gefangen werden, gefesselt, fortgeschleppt und konnte noch froh sein, wenn sie nur mit ihrem Geld und nicht mit ihrem Leben bezahlen mußte. Und dieser Medjuel, dieser Mann, der ihr so gut gefiel, er hatte alles gewußt. Sie hatte Vertrauen zu ihm gehabt, ja in den langen Stunden an seiner Seite geglaubt, noch einmal einen Mann gefunden zu haben, der die Liebe einer Frau wert wäre, und nun würde dieser Mann seinen Anteil fordern und ausgezahlt bekommen, Beute, um die er sich mit dem Rudel zanken und streiten würde wie Hunde um einen Knochen. Jane fühlte eher Ekel denn Angst. Für Sekunden war ihr die Fähigkeit, sich zu fürchten, abhanden gekommen. Sie war wie taub und blind.

Dann waren sie heran, die johlende Meute und vereinigt mit jenen, die die Karawane begleitet hatten. Und eben, als braune gierige Hände nach ihr greifen wollten, hörte sie Schüsse aus silberbeschlagenen Pistolen, sah Medjuel blutig den Dolch schwingen, sah Männer rückwärts stürzen und begriff, daß auch seine Männer, endlich wieder im Gehorsam, ihre Flinten gegen die Angreifer feuerten. Unübersichtlich das Handgemenge, laut die Flüche und Verwünschungen, Schreie der Männer, die den Dolch spürten, Röcheln derer, denen die Kolben abgefeuerter Flinten über den Schädel krachten, ringsum Männer am Boden, andere, die zeternd rechteten oder murrend das Feld räumten, nach einer letzten Salve aber kopflos die Flucht antraten. Und als endlich alles vorbei war, sah sie überall Blut, auch auf dem schneeweißem Burnus ...

»Mein Gott«, stöhnte Jane, »sind Sie schlimm verletzt, Medjuel?«
»Nein, nein, Madame, es geht schon, es ist nur ein Stich ...« Da war nicht mehr Verzweiflung im nachtschwarzen Blick, sondern ruhige Gewißheit. »Wir reiten weiter, Madame, wenn Sie können.«
»Ja, Medjuel, ich kann reiten. Es ist alles in Ordnung.«
Sie wandten sich nach Norden, der Mann auf dem Rapphengst und die Lady auf dem Schimmel.
»Sie wissen alles, Madame, nicht wahr?« fragte der Scheich.
»Ja, Medjuel, ich weiß es. Aber Sie haben Ihren Sinn geändert, man wird Ihnen grollen.«
»Der Frieden mit mir selbst, Madame, ist wichtiger.«

Sie ritten schweigend weiter. Und später, als der Horizont noch einmal rot aufleuchtete, ehe die Nacht kam, stellte der Beduinenscheich noch eine Frage.
»Würden Sie bei mir bleiben, Madame, in meinem Zelt, als meine Frau?«
Wieder ritten sie ein Stück schweigend. Das Rot am Horizont war verglüht, der Himmel von samtigem Blau.
»Lassen Sie mir Zeit, Medjuel, auch ich muß erst den Frieden in mir selbst wieder finden ...«

Bedenkzeit

Als der Beduinenscheich Medjuel El-Mezrab Lady Jane Ellenborough bat, seine Frau zu werden, war es das erste Mal in ihrem Leben, daß sie nicht spontan der Stimme ihres Herzens folgte. Zu oft hatte das Glück sie genarrt und ein Mann sie enttäuscht. Das hatte sie vorsichtig gemacht. Nicht daß sie den Scheich abgewiesen hätte, aber Bedenkzeit hatte sie sich ausgebeten. Bedenkzeit und Selbstprüfung, die sie vor neuem Irrtum bewahren sollte. Viel zu sehr war sie schon dem Charme dieses Landes verfallen, zu sehr der magischen Anziehungskraft des Beduinenfürsten, das eine im anderen verwoben, nicht voneinander zu trennen, so beschloß Jane, Syrien noch einmal zu verlassen, um frei von seinem doppelten Zauber mit sich zu Rate zu gehen. Wieder ging sie auf Reisen, diesmal ziellos, wahllos, und sprunghaft.

Dem britischen Konsul machte sie einen Abschiedsbesuch. Der empfing sie mit unerwarteter Herzlichkeit.

»Sie wollen abreisen, Lady Jane? Da bin ich aber erleichtert, zu Ihrer eigenen Sicherheit, versteht sich.«

»Oh, Sie meinen den Überfall? Sie hatten mich ja gewarnt, lieber Konsul, und zudem hat mich Scheich Medjuel wirklich heldenhaft verteidigt!«

Ein wenig beabsichtigte Ironie ließ sich aus Janes Worten leicht heraushören, und der Konsul wußte, worauf sie abzielte. Nur ein spontaner Sinneswandel hatte ja den Beduinen, der selbst der Initiator des Überfalls war, mitten im kritischen Geschehen auf ihre Seite gebracht.

»Nein, nein, Lady Jane, ich spreche nicht von dem Überfall. Es wird Krieg geben. Jedenfalls scheint er unvermeidlich, und da sähe ich Sie lieber außer Landes.«

»Krieg? Hier auf osmanischem Gebiet? Und wer gegen wen?«

»Rußland erhebt Anspruch auf ein Protektorat über die christliche Bevölkerung der Türkei. Selbstverständlich nur ein Vorwand. Der wahre Grund ist Expansion.«

Jane seufzte. Der Konsul hatte recht. Wenn es wieder einmal, wie schon so oft in der Geschichte, um den angeblichen Schutz des Heiligen Grabes in Jerusalem ging, dann konnten die Feindseligkeiten genau bis dort vordringen, wohin Jane ihre nächste Expedition geplant hatte. An den See Genezareth und dann mit einem Abstecher nach Nazareth das Tal des Jordans hinauf.

Wie gut also, daß sie diesen Plan vorerst aufgegeben hatte. Allerdings ihre ins Auge gefaßte Reiseroute über Zypern und Konstantinopel mußte sie dann auch ändern.

»Übrigens«, frohlockte der britische Konsul, »auch ich werde hier bald abgelöst. Bin in das Alter gekommen, in dem man nur noch auf englischem Rasen Kricket spielen möchte.«

Jane wünschte ihm Glück und fühlte plötzlich ein klein wenig Neid. Kricket auf englischem Rasen! Der Himmel blaßgrau und Regen in der Luft, Rosengärten und Lavendel im Beet, hohe Hecken und schmale Straßen, Tee am Nachmittag und Sherry, wenn es draußen dunkelt und Feuer im Kamin brennt. Danach sehnte sich die britische Seite in Janes zwiegespaltener Seele.

Fünf Tage später tuckerte das gleiche Dampferchen aus

dem Hafen von Beirut, das vor einem dreiviertel Jahr Jane Ellenborough hergebracht hatte. Und wieder war Lady Ellenborough an Bord.

Der Empfang in Athen fiel außerordentlich kühl aus. Dem General Hadji-Petros ging Jane absichtlich aus dem Wege und bei Hofe ließ Königin Amalie sie spüren, daß sie keineswegs willkommen war. Otto aber, nach wiederholten Aufständen der eigenen Armee und der Absetzung seines Vaters vom bayerischen Thron, war nicht mehr der alte. Verdrossen und weinerlich empfing er Jane zwar in privater Audienz, aber der Funke früherer Freundschaft war erloschen.

»Ach, Lady Jane, meine eigenen Leute stehen gegen mich auf... ich begreife es nicht! Eine Verfassung wollen sie, eine Republik. Und England ist mir bös, weil ich zum Zaren halte, jetzt, wo es um die Krim geht.«

»Ist das England zu verdenken, Majestät?« warf Jane eingedenk eigener Nationalität kühl ein, »immerhin haben Eure Majestät England zum großen Teil den Thron zu verdanken.«

»Ach, Jane, jetzt zürnen Sie mir auch noch! Ich habe immerhin russische Zusagen auf türkisches Gebiet im Norden! Soll ich die aufs Spiel setzen?«

»Majestät wollen den ›Kranken Mann am Bosporus‹ beerben?« Jane war fast laut geworden, fühlte sich für kurze Zeit zurückversetzt in Zeiten, da sie offen dem jungen Otto ihre Meinung sagen konnte. »Glauben Sie mir, Majestät, ehe Sie Ihr Ziel erreichen. gegen die Interessen des Westens, kann der Zar sterben. Nikolaus ist der kranke Mann in diesem Spiel, heißt es, und wen haben Sie dann auf Ihrer Seite, Majestät?«

Otto fühlte sich in die Enge getrieben und gekränkt

durch die Kritik einer Frau, obwohl er gerade dieser Frau einmal das Recht zu freundschaftlichem Rat eingeräumt hatte.

»Verehrte Lady Jane«, schottete er sich höflich ab, »wir werden sehen, wie die Dinge gehen... werden Sie diesmal für längere Zeit in Athen bleiben?«

Das war deutlich. Die Audienz war beendet. Jane erhob sich.

»Nur wenige Tage, Majestät, bis ich meine Angelegenheiten geordnet habe.«

Zu diesen Angelegenheiten gehörte dann die Erbeinsetzung ihres Stiefsohnes Eirini Hadji-Petros in den Besitz des von ihr erbauten Palastes. Danach hielt Jane nichts mehr in dieser Stadt.

Sie reiste zu Schiff nach Brindisi und Bari. Einen Aufenthalt in Rom durchlebte sie wie eine Touristin. Dem ersten Blick auf die Kuppel von Sankt Peter folgten im Näherkommen Engelsburg, Forum Romanum, Kolosseum und – nicht endend – die Zeugen glanzvoller Vergangenheit, hier und da ebenfalls anklingend die Erinnerung an ihre erste Reise hierher, damals jung vermählt mit Carl von Venningen. Doch auch Rom konnte Jane nicht halten.

In Paris hatte unterdessen nun wirklich Napoleon III. als Kaiser der Franzosen den Thron erklommen. In der beschwingten Erwartung, einem guten alten Freund die Hand zu reichen, kam Jane um Audienz ein, sobald sie in der Stadt war.

Sie wurde aus einer Gruppe antichambrierender Damen und Herren herausgerufen und durfte das Audienzzimmer betreten.

»Lady Jane Elizabeth Ellenborough«, vermeldete der Zeremonienmeister und zog sich diskret zurück.

»Madame, ich bin erfreut ...« begrüßte der Kaiser seine Besucherin recht förmlich, aber Jane ließ sich davon nicht ins Bockshorn jagen.
»Auch ich freue mich von Herzen, Majestät, Sie wiederzusehen ... nach so vielen Jahren!«
Jane war sicher, mit ihm gemeinsam freundschaftliche Rückschau zu halten, wenn auch nicht gerade auf die Straßburger Nächte, so doch auf die Straßburger Tage, in denen Napoleon geheime Konspiration mit der dortigen Garnison eingefädelt hatte. »Ich habe jeden Schritt Euer Majestät verfolgt und stets gehofft ...«
»Straßburg war ein Fehlschlag«, vermerkte Napoleon bissig, womit er selbstverständlich den politischen Aspekt meinte.
»Ich weiß, ich weiß«, beeilte Jane sich, »Sie wurden entdeckt Louis ... Majestät ... und wurden nach Übersee ausgewiesen, aber was macht das jetzt noch aus, da Sie doch endlich auf dem Platz sind, auf den Sie sich stets geträumt haben!«
Ohne jeden Arg warf sie ihm einen herzlichen Blick zu, und erst jetzt, als habe die Freude sie bisher verblendet, bemerkte sie die ungeheure Veränderung, die mit Louis Napoleon Bonaparte vorgegangen war.
Jetzt, da sie näher hinsah, erkannte sie ihn kaum wieder. Das war nicht mehr der junge Prinz, mit dem sie diskutiert und gelacht hatte, mit dem sie Pläne geschmiedet für Frankreichs Wohl, mit dem sie für kurze Zeit gar den Rausch zärtlicher Leidenschaft geteilt hatte. Kaiser Napoleon hielt die Augenlider halb geschlossen, da war nichts mehr vom hellen Widerschein einer wachen Intelligenz. Im Gegenteil, er vermittelte den Eindruck schläfriger Gleichgültigkeit, ja Kälte, und die Art, wie er den Schnauzbart zwirbelte, grenzte ans Lächerliche.

Die weitere Unterhaltung hielt sich in den Grenzen höflicher Konversation. Erst als der Kaiser begriff, daß Jane eben erst von Nahost zurückkehrte, wurde er etwas lebhafter.

»Oh, dann haben Sie auch das Heilige Grab besucht, Madame?«

»Noch nicht, Majestät, die politischen Strömungen schienen mir derzeit dazu ungeeignet.«

»Sehen Sie, Madame, Sie als Christin müssen zögern, diese doch uns allen heilige Stätte zu besuchen! Das ist der Grund, warum ein Protektorat über die christliche Bevölkerung dort unten wirklich vonnöten ist. Wenn ich auch keinen notwendigen Grund sehe, daß ausgerechnet der Zar sich um ein solches Vorrecht bemüht ... vielmehr meine ich, Frankreich sollte ...«

Seine Darlegungen zum Thema hielten noch eine Weile an, ebbten dann aber ab, als habe er schon zuviel gesagt. Jane wurde mit der üblichen Floskel verabschiedet. »Au revoir, Madame, es war mir ein Vergnügen.«

Ein Handschlag war dabei nicht vorgesehen, aber gerade, als Jane mit angedeutetem Knicks sich zurückziehen wollte, reichte der Kaiser gegen jede Etikette ihr die Hand. Es war nur ein kurzer Augenblick, den seine weiß behandschuhte Hand die ihre drückte, aber sie hörte ihn hastig dabei flüstern:

»Ich habe nichts vergessen ... Jane! Es ist nur ... es hat sich so vieles verändert ...« Er brach hilflos ab. Jane war entlassen, die Audienz beendet.

Jane verließ lächelnd das Audienzzimmer, Genugtuung im Herzen.

Was Jane als Frau darüber hinaus am neuen kaiserlichen Frankreich interessierte, war die von der Kaiserin

kreierte Mode. Zum Rokoko zurückkehrend, trugen die Damen der Gesellschaft schulterfreie überaus weite Kleider, bändergeschmückt, blumenverziert, in zarten Pastellfarben. Sofort gab Jane den Pariser Couturiers Auftrag über Auftrag in blau, grün, rosa und lichtgelb, in Seide, Chiffon, Spitze und Batist, bis ein Dutzend Koffer damit gefüllt war.
Ebenfalls sofort ließ sie sich nach dem Vorbild der Kaiserin frisieren. Zum obligatorischen Mittelscheitel wurde das Haar hinten aufgesteckt und fiel seitlich in wenigen langen aber sehr steifen Stocklocken herab. Das noch immer leuchtende Gold ihrer Haare kam dabei herrlich zur Geltung.

Bald kehrte Lady Jane Paris erneut den Rücken. Einen Augenblick erwog sie, nach London zu reisen, nahm es dann aber doch besser nicht in ihre Reisepläne auf. In München blieb sie ein paar Tage, nachdem sie sich vergewissert hatte, daß ihr königlicher Freund nicht in der Stadt weilte, und wahrte zudem strenges Inkognito. Hier und in Wien, das sie als nächstes aufsuchte, gab es nur ein Thema, das die Öffentlichkeit beherrschte, ja sogar den heraufziehenden Kriegslärm übertönte: die Verlobung der Bayernprinzessin Elisabeth, Sissy genannt, mit ihrem Vetter, dem Kaiser Franz Joseph. Genau vier Wochen nach der offiziellen Kriegserklärung aller westlichen Mächte an Rußland, wurde in Wien die Hochzeit gefeiert.

All dies, die eifersüchtige Denkweise des Europäers, das ganze Leben in den Städten des Westens, war Jane unterdessen fremd geworden. Alles erschien ihr eng und kleinlich, seicht und unaufrichtig. Sobald sie die

Augen schloß, sah sie den samtblauen Sternenhimmel über der Wüste, die glimmenden Feuer vor den schwarzen Zelten, hörte das Singen des Windes durch spärlich hartes Gras oder das Mahlen des Sandes unterm Huf. Und sie dachte an Medjuel, den Beduinen. Sie sah ihn im Sattel seines Rappen, das rote Mal auf schneeweißem Burnus, sie sah die Frage in seinem Blick und wußte, daß sie ihm noch Antwort schuldete. Und plötzlich wußte sie die Antwort, sie wußte sie mit der ganzen Gewißheit ihres aufrechten Herzens.

Im Frühsommer des Jahres 1854 war Lady Ellenborough wieder in Syrien zurück. Ihre Villa, die sie für ein Jahr im voraus bezahlt hatte, konnte sie sogleich wieder beziehen. Dann suchte sie den britischen Konsul auf, um erneut eine Expedition ins Landesinnere zu bewerkstelligen.

»Mylady, bedenken Sie die Gefahren eines solchen Unternehmens für eine Dame wie Sie ...«

Es war nicht mehr derselbe Konsul wie vor zwei Jahren, der diese Worte sprach, sondern ein junger beflissener Beamter, der sich damit seiner Pflicht entledigte. Lady Jane hob die Hand, um seinen Redefluß zu unterbrechen.

»Ich weiß, ich weiß! Vereinbarte Überfälle, Teilung des Lösegelds! Sie vergessen, daß ich das alles schon kenne. Ich bitte nur, mir einen geeigneten Beduinenführer zu besorgen. Alles weitere geht auf meine Verantwortung.«

Wenn Jane insgeheim darauf gehofft hatte, daß wieder Scheich El-Mezrab sich um den Posten bewerben würde, so sah sie sich in dieser Hoffnung getäuscht. Ein gewißer Scheich El-Barrak meldete sich, um mit der englischen Lady ins Geschäft zu kommen. Der Mann gefiel Jane überhaupt nicht. Er hatte einen verschlagenen Gesichtsausdruck, war schmuddelig gekleidet und spielte dauernd mit einer Nilpferdpeitsche, die er wohl niemals aus der Hand legte.

Scheich El-Barrak verlangte sechstausend Franken Entlohnung im voraus und schien lauernd darauf zu warten, daß die Lady den Preis herunterhandelte. Doch Jane sah dem Beduinen fest ins Gesicht.

»Ich zahle Ihnen sechstausend im voraus und nochmals sechstausend nach der Reise, wenn es weder Geiselnahme noch sonst einen Zwischenfall gegeben hat.«

El-Barrek schien erst erschrocken, überlegte kurz und erklärte sich dann mit einem breiten Grinsen einverstanden.

Jane wählte diesmal die Route nach Süden. Sie hatte keine Angst, auf den Kriegsschauplatz zu geraten, obwohl die Kämpfe im Norden der Türkei sich ausweiteten. Der urspüngliche Anlaß zu diesem Krieg, nämlich der Schutz des Heiligen Grabes zu Jerusalem, war im Gewirre der Politik längst vergessen.

Man brach also in Richtung Es-Sanamein auf. El-Barrak ritt auf einem Kamel und führte ein halbes Dutzend seiner Leute mit sich, die alle auf Kamelen saßen, schlecht ernährte, zottige Tiere. Diejenigen, die für das Gepäck vorgesehen waren, wurden überladen und konnten sich kaum fortschleppen. Jane hatte natürlich darauf bestanden, zu Pferd zu reiten, und sich selbst bei einem gut beleumundeten Händler beritten gemacht. Diesmal war ihre Wahl auf eine zierliche kleine Fuchsstute gefallen, die sich später als äußerst zäh herausstellte.

El-Barrak bestimmte die Zeit zwei Stunden vor Sonnenaufgang zum Aufbruch, und von nun an gab es auf der ganzen Reise eine nicht endende Kette von Unannehmlichkeiten zwischen Jane und ihm.

»Meine Stute und ich brauchen etwas Ruhe, lassen Sie uns eine Rast machen«, bat Jane etwa, und sofort war El-Barrak dagegen.

»Daß Sie und Ihr Pferd so empfindlich sind, dafür kann ich nichts«, herrschte er sie an, »weder meine Kamele noch meine Leute brauchen Ruhe. Sie halten ohne Schatten, ohne Wasser bis zum Abend durch.« So hetzte er die Karawane zehn Stunden und länger durch den Tag. Jeden Morgen verlangte er einen früheren Aufbruch und Abritt, bis Jane sich fragte, warum sie überhaupt sich zur Nacht noch hinlegte.

»Hören Sie, El-Barrak, ich habe Sie gemietet, Sie haben auf meine Wünsche zumindest Rücksicht zu nehmen!«

»Was sagen Lady? Ich nicht verstehen Englisch, Lady!« stellte der Beduinenführer sich mit einem Mal dumm.

Als Jane eines seiner ausgemergelten, halbverhungerten Kamele, mitleidig mit ein paar Getreidekörnern fütterte, schrie er sie wütend an und erschlug das Tier vor Janes Augen mit dem Knauf seiner Nilpferdpeitsche. Überhaupt verlor sich seine Höflichkeit mit jeder Meile, die sie hinter sich brachten. In Es-Sanamein wollte Jane in aller Ruhe den Podiumtempel besichtigen, aber ihr Führer ließ ihr kaum Zeit dazu. Neuen Streit gab es, als El-Barrak nach Inkhil abbiegen wollte, um auf direktem Wege zum See Genezareth zu gelangen, Jane aber auf dem Umweg über Ezraa beharrte, wo frühchristliche Kirchen zu besichtigen waren. Jane setzte sich endlich durch, und mürrisch brabbelnd hielt

El-Barrak sein Kamel stets hinter ihr. Die Landschaft hier war zwar auch Wüste, aber nicht loser Sand, der sich im Wind kräuselte, sondern der feste Boden eines spärlich bewachsenen Plateaus. Auf langem, schweigsamen Ritt über diese Hochebene konnte Jane ihre Gedanken ungestört wandern lassen und sie hatten die ganze Zeit nur ein einziges Ziel: Medjuel El-Mezrab. Welch ein Unterschied zwischen ihm, dem stolzen, aristokratischen Beduinenfürsten mit dem Charme gebildeter Höflichkeit, und dem brutalen, ja rohen Auftreten des primitiven Kamelreiters hinter ihr! Aber nicht nur in dieser Hinsicht waren ihre Gedanken unablässig bei Medjuel El-Mezrab. Sie war ja nach Syrien zurückgekehrt, weil ihr Innerstes sich ihm endgültig erschlossen, ihr Herz sich ihm geöffnet hatte. Ihn dies wissen zu lassen, war sie gekommen. Natürlich hatte sie Erkundigungen nach ihm eingezogen, beim Konsulat, in der Stadt Damaskus, an jedem Ort, jedem Dorf, das sie passierten, ja in jedem Zelt aus schwarzem Ziegenhaar hatte sie gefragt, wer ihn gesehen, wer von ihm gehört habe. Nirgends hatte sie Erfolg gehabt, nirgend eine Spur gefunden, und dort, wo es so schien, war ihr jetziger Führer, El-Barrak, den Konkurrenten fürchtend, wütend dazwischengefahren. Den wahren Grund der Suche behielt Jane selbstverständlich für sich.

Wieder waren sie ein ganzes Stück schweigend geritten, wieder hielt Jane insgeheim still Zwiesprache mit dem Mann, dem längst ihre Liebe gehörte. Es ging auf Mittag zu, El-Barrak erlaubte keine Rast. Ein leiser Wind erhob sich und bewegte die wenigen Gräser der weiten, flirrenden Ebene. Da geschah das Wunder. Jane kannte aus den Sandwüsten die Erscheinung der sogenannten Fata Morgana. Wie oft hatte sie geglaubt, einem See, einem Gebirge, einer Oase ganz nahe zu sein, hatte das Abbild ganz deutlich vor sich gesehen, um dann zu erleben, wie es sich auflöste und verschwand, eine Luftspiegelung, weiter nichts. Dennoch sah sie jetzt ein solches Bild. Ein einzelner Reiter tauchte am Horizont auf, kam näher und näher. Seine Konturen, noch verschwommen in glasender Mittagssonne, schienen die eines Beduinen in schneeweißem Burnus zu sein, der einen schwarzen Hengst ritt. Was anderes konnte es sein als solch eine Luftspiegelung, aus Wunsch und Sehnsucht entstanden und eben deswegen nur ein Gespinst der Hoffnung, sogleich zerfallend, sich verflüchtigend, doppelte Leere zurücklassend. Ebenfalls ein Phänomen der Wüste, war jetzt der Hufschlag näher und deutlicher zu hören, als die Entfernung des Reiters, wenn es einer war, es erlaubte – der gleichmäßige Takt des Trabes, dann weitgreifender Galopp, das Keuchen des Pferdes, ja endlich das Klirren von Kinnkette und Gebiß. Es war ein Reiter! Es war Medjuel El-Mezrab! Mit einem Aufschrei gab Jane ihrer Stute die Sporen und flog ihm entgegen.

Der endlich neu eingetroffene englische Konsul zu Damaskus weigerte sich anfangs, die Heiratslizenz auszustellen.

»Sie, Mylady, Tochter des Kapitäns Digby, Enkelin von Lord Leicester und immerhin einmal Frau eines englischen Peers! Sie, Mylady, und dieser Barbar!«

Er wand sich, rang die Hände und brachte noch eine ganze Reihe weiterer Argumente hervor. Sie, Lady Jane, sei doch Christin! Eine so kultivierte Frau wie sie könne doch der Zivilisation nicht so einfach den Rükken kehren! Und dann das wichtigste: dieser Scheich sei doch nur hinter ihrem Geld her!

Jane lachte alle Argumente des Konsuls mit einem hellen, glücklichen Lachen fort.

»Mein lieber Konsul, im Namen Ihres sogenannten Christentums wird soeben auf der Krim wieder ein blutig anhaltender Krieg geführt! Nichts ist so fraglich wie die westliche Zivilisation, lieber Konsul, und noch eins: von allen Männern, die je vorgegeben haben, mich zu lieben, war noch keiner so wenig hinter meinem Gelde her wie Scheich Medjuel, glauben Sie mir!«

Und dann wurde Jane sehr ernst. »Das wichtigste Argument aber, haben Sie vergessen zu berücksichtigen, Herr Konsul, nämlich die Liebe. Ich habe ein Leben lang nach ihr gesucht und glaube, sie gefunden zu haben in ihrer reinsten und schlichtesten Form.«

Was konnte es Schlichteres geben? Ein Mann wollte sie ohne Umschweife zur Frau. Und das trotz ihrer unterdessen siebenundvierzig Jahre!

Endlich stellte der Konsul die Heiratslizenz aus, und ein offizieller Ehevertrag wurde aufgesetzt.

Jane, die in ihrem Glück zur Eile mahnte, beachtete eine Klausel darin weiter nicht. Medjuel sollte seinem Glauben als Moslem entsprechend jederzeit das Recht haben, sich eine weitere Frau zu nehmen. In Janes Vorstellung hätte eine solche Möglichkeit ohnehin keinen Platz gefunden. Sie liebte Medjuel, er liebte sie, warum sollte er jemals daran denken, sich eine andere Frau zu nehmen?

Die zivile Eheschließung wurde dann in Janes Villa bei einem Glas Sekt gefeiert, das Medjuel nicht anrührte. Die Damen und Herren der englischen Siedlung waren Janes Einladung nicht gefolgt, nur der Konsul und die Konsulsgattin erhoben ihr Glas auf Jane Digby-El Mezrab, wie sie ihren Namen in die Urkunde hatte eintragen lassen.

Jane trug eines der neuen Pariser Kleider, das ihre makellosen Schultern freiließ, für ihren Mann ein bei aller Schönheit beklemmender Anblick, Medjuel war der Gedanke fremd, daß eine Frau sich anderen zur Schau stellte, aber willig akzeptierte er in diesem Fall Janes Denkweise. Sie sah ja auch bezaubernd aus, kaum älter als dreißig, das Haar immer noch goldschimmernd, die Augen von violett strahlendem Glanz, die Lippen voll und lockend. Auch das Haus in dem sie weiterhin leben wollte, betrachtete Medjuel mit der gleichen Mischung aus Bewunderung und Beklemmung.

»Sieh nur, ich habe die Räume ganz arabisch einrichten lassen! Gefällt es dir, Liebster?«

»Alles ist sehr prächtig«, lobte Medjuel aufrichtig, »aber sag, wann reiten wir endlich los?«

»Reiten, wohin?«

»Nun, zu meinem Stamm, in mein Zelt! Erst wenn wir dort Hochzeit gefeiert haben, sind wir richtig Mann und Frau.«

Jane verstand. Auch sie mußte auf seine Gepflogenheiten eingehen. Sie wollte ihn ja nicht nur lieben, sondern ihn auch verstehen lernen.

»In einer halben Stunde kann ich zum Abritt bereit sein, Medjuel!«

Und das war sie dann auch. Sie hatte sich nicht nur der Pariser Couture entledigt, sondern sogar ein arabisches Gewand aus lichtblauer Seide, *Dschador* genannt, angelegt, das ihr sehr gut stand. Sie sah Medjuels Augen voller Entzücken aufleuchten als sie ihm entgegentrat.

»Wo ist mein Pferd?« fragte sie mit einem Anflug jenes herrischen Tons, den sie annahm, wenn ihre Befehle nicht beachtet wurden.

Natürlich hatte sie erwartet, daß man ihr die kleine Fuchsstute fertig gesattelt zuführte. Aber das Pferd, das Medjuel jetzt selbst für sie am Zügel hielt, eine edle Stute, reinweiß, der Kopf klein, rot die Nüstern, schmale Ohren und eine lange silbrige Mähne, übertraf alles, was Jane jemals gesehen.

»Dies ist mein Hochzeitsgeschenk«, sagte Medjuel mit bescheidenem Stolz.

»Oh, Medjuel . . . Medjuel, ist sie schön!«

»Dann laß uns reiten,« sagte Medjuel, »es wird bald Nacht.«

Auf halbem Weg zwischen Damaskus und Djebel Seis lagerten die Beduinen Medjuel El-Mezrabs in fast vierhundert Zelten, umgeben von riesigen Schafherden, von hunderten ruhender Kamele und jenem Dutzend edler Zuchtstuten, die jedes Jahr von einem schwarzen Hengst ihre Fohlen brachten.

Von Damaskus waren sie in Begleitung einiger weniger Diener Medjuels losgeritten, aber lange ehe das Beduinenlager zu sehen war, erlebte Jane noch einmal jene Szene wie damals im griechischen Hochland. In langer Kette tauchten sie am Horizont auf, die Männer seines Stammes, um ihren Fürsten und ihre Herrin zu begrüßen und zu geleiten. Wild schießend kamen sie heran, umkreisten die Ankömmlinge und zeigten ungebändigt ihre Freude, nicht zuletzt, weil es nun wieder etwas zu feiern gab. Tatsächlich hatten auch schon die im Lager verbliebenen Männer zahllose Hammel geschlachtet und gebraten und die Frauen Joghurt und Honig bereitgestellt. Damit bestrichen schmeckte das Fleisch besonders köstlich. Kaum angekommen, ließ man sich zum Mahle nieder und langte tüchtig zu, mit den Fingern versteht sich! Und Jane, einmal entschlossen, sich den Bräuchen ihres Mannes, beziehungsweise seines Volkes, anzupassen, faßte so beherzt in Schüssel und Tiegel, daß ihr das Fett nur so vom Mund tropfte. Frisches Wasser mit Zitronenblüten und reine Tücher reichte man hernach zur Waschung.

Endlich war die Nacht da, erstaunlich klar und kühl nach angestauter Tageshitze. Nach einem letzten süßen Tee aus Pfefferminze, hob Medjuel den Vorhang zu seinem Zelt, das, mit herrlichen Teppichen ausgestattet, zum Brautgemach und Beginn ehelicher Zweisamkeit werden sollte. Jane fühlte ihr Herz bis zum Hals klopfen, als sie ihm in das Innere des Zeltes folgte. Sie hörte hinter sich den Vorhang aus bunt gewebter Schafwolle fallen. Dann fühlte sie Medjuels Arme, die sie kraftvoll umschlossen.

Die Ehe der beiden wurde glücklich, sehr glücklich. Sie gaben sich gegenseitig den Freiraum, ihre Eigenheit zu bewahren und doch die des Anderen zu teilen. So lebte Jane monatelang in ihrer luxuriösen Villa, trug ihre schönen Kleider, führte, nachdem man ihr verziehen und die Gesellschaft von Damaskus ihre Einladungen annahm, ein geselliges Haus. Medjuel teilte dieses Leben, wenn auch etwas scheu, zeigte sich aber an ihrer Seite wie es sich gehört. Die Nächte verbrachten sie in unersättlicher Zärtlichkeit. Dann aber gab es wieder Wochen, die Jane mit ihm hinauszog in die Wüste. Dann war sie die Herrin der Beduinen vom Stamm der Mezrab. Hier draußen trug sie die Gewänder der Araberinnen, das Gesicht aber unverschleiert, wie es den Frauen der Beduinen erlaubt war. Nur auf einem bestand sie auch hier: Wenn das Mahl aufgetragen war, meist der Hammel mit Joghurt und Honig, aß sie nicht getrennt von den Männern wie die Frauen des Stammes, sondern ließ sich wie selbstverständlich an der Seite ihres Mannes auf die Teppiche und Felle nieder, um mit ihm zu essen.

Aber eines fiel Jane schwer, zu verstehen und zu ertragen. Medjuel hatte versprochen, keine Überfälle mehr zu veranstalten, aber von dem, was er seine Kriegszüge nannte wollte er nicht lassen. Gab es einen Zwist zwischen zwei Stämmen zu schlichten oder einen Ehrenhandel auszutragen so jagte er mit seinen Reitern weit ins Land hinaus und scheute auch kein Blutvergießen. Niemals hätte er Jane erlaubt, ihn auf einem solchen Zug zu begleiten. Er konnte dann Tage fort sein oder auch Wochen, während sie in Damaskus nach außen in westlicher Pracht, nach innen mit sorgendem Herzen auf ihn wartete.

Ein Hilferuf aus der Wüste

Eines Tages kam nicht er selbst zurück, sondern einer seiner Reiter stürmte mit verhängtem Zügel auf den Hof ihres Hauses.

»Umn-el-Laban!« rief er sie mit dem Namen an, den die Beduinen ihr gegeben und der soviel wie ›Mutter der Milch‹ bedeutete, »Umn-el-Laban, rasch! Reite mit mir! Der Scheich ist krank. Todkrank! Er verlangt, dich zu sehen!«

Der Schrecken lähmte Jane, ihr wurde eiskalt ums Herz. Medjuel krank? Verwundet? Mußte er sterben? Wo war er? All diese Fragen stellte sie nicht jetzt, sondern versuchte vor allem den Kopf nicht zu verlieren. Binnen Minuten saß sie zu Pferd und galoppierte mit dem Boten in die anbrechende Nacht hinaus. Wie froh war sie jetzt, die schnelle und ausdauernde Stute, das Hochzeitsgeschenk von Medjuel, unter sich zu spüren.

Auch das Pferd des jungen Beduinen schien unermüdlich, so kamen sie rasch vorwärts und hatten dennoch vier Stunden zu reiten, ehe sie in der Ferne der von Lagerfeuern schwach erleuchteten Zelte des Stammes ansichtig wurden. Ein letztes Mal spornte Jane ihre Stute zu größter Schnelligkeit an, hörte ihr Keuchen und das Rasseln ihrer ausgepumpten Lungen. Dies eine Mal stand Janes Liebe zur Kreatur Pferd hinter ihrer verzweifelten Sorge um einen Menschen zurück. Sie konnte auf kein Tier mehr Rücksicht nehmen, wo es um das Leben des geliebten Mannes ging. Vor dem Eingang des Zeltes, in das man den Scheich gebracht

hatte, brach die Stute in die Knie. Jane, selbst am Ende ihrer Kräfte, glitt aus dem Sattel.
»Kümmert euch um sie!« rief sie den Umstehenden zu und verschwand im Zelt. Dort auf dem Lager von Schaffellen, das sie so oft mit ihm geteilt hatte, lag Medjuel.
»Liebster ...« hauchte Jane und kniete nieder. Instinktiv hatte sie den Anblick von Blut und einer schwärenden Wunde erwartet, aber was sie jetzt sah, war das sich im Fieber verzehrende Antlitz eines Todkranken. Seine Augen waren unnatürlich geweitet und lagen tief in ihren Höhlen. Seine Hände fuhren unruhig hin und her, Schweiß rann ihm von der Stirn, sein Gesicht glühte.
»Du bist gekommen ...« flüsterte er mit rauher, hastiger Stimme, »du bist hier ... meine Sonne ... mein Leben ... meine Sitt ...«
»Ja, Liebster, ja, ich bin bei dir!« suchte sie Medjuel zu beruhigen.
Jane hatte schon viele Kranke in ihrem Leben gesehen und erkannte auf Anhieb, daß ihr Mann sehr krank war. Und sie wußte auch den Namen seiner Krankheit: Cholera!

Nur selten war Lady Jane in einer Situation wirklich ratlos. Doch jetzt, am Krankenlager ihres Mannes, weit draußen in der Wüste in einem jener schwarzen Beduinenzelte, ohne Arzt, ohne Medikamente, ja ohne auch nur die einfachsten Hygienemaßnahmen, und das bei einem ganz offensichtlichen Fall von Cholera, wußte sie sich keinen Rat.
Die typischen Anzeichen dieser Krankheit griffen bereits weiter um sich. Seine Haut verfärbte sich blau-

grau, sein Leib, erst aufgedunsen, war jetzt wie eingeschnürt. Der Kräfteverfall bei immer noch steigendem Fieber ging rasend voran.

»Herrgott, wenn es dich gibt«, betete Jane in letzter Verzweiflung sich an eine Macht wendend, die ihrem Bewußtsein nie sehr nahe gestanden hatte, »Gott im Himmel, laß mir diesen Mann! Ohne ihn bin ich nichts! Ohne ihn ist auch mein Leben zu Ende!«

Scheich Medjuel, unruhig und doch weit entrückt, lag auf seinem Bett von hochgetürmten Schaffellen und schien jeden Augenblick die Schwelle ins Totenreich zu überschreiten. Einige wenige Maßnahmen, die Jane hatte ergreifen können, wie feuchte Umschläge oder kalte Kompressen waren sinnlos geworden. Sie hielt nur noch seine Hand und fühlte auch in sich alle Hoffnung ersterben. Mit ihr hielten seit Stunden die Getreuesten seines Stammes eine schweigsame Wacht. Doch hatte Jane beobachtet, daß sie untereinander etwas berieten, kopfschüttelnd abwägten, flüsternd ein Für und Wider miteinander ausmachten.

»Umn-el-Laban«, sprach sie jetzt der eine der Umstehenden an, »Gebieterin, wir haben dir etwas zu sagen ...«

»Sprich«, forderte Jane den Mann auf. Und dann hörte sie sich den seltsamsten und scheinbar grausamsten Rat an, den ein Menschenhirn sich nur erdenken kann. In Entsetzen und Abwehr hob sie die Hände.

»Niemals erlaube ich das! Niemals lasse ich zu, daß ihr so etwas mit eurem Herrn tut! Das ist barbarisch! Das ist unmenschlich!«

»Es klingt schlimmer, als es ist, Gebieterin! Unsere Väter und Ur-Väter haben es schon getan und Menschenleben damit gerettet!«

Noch eine Weile herrschte in Jane das Entsetzen über den ihr gemachten Vorschlag vor, dann aber, als sie das Leben ihres geliebten Mannes mehr und mehr entschwinden sah und zugeben mußte, daß selbst der grausamste Humbug nichts mehr schlimmer machen konnte, vielleicht aber, ganz vielleicht, wirklich ein uraltes Wissen um rigorose Wege der Heilung von Generationen her auf diese Naturmenschen überkommen war, gab sie endlich nach.
»Also gut«, sagte sie müde mit einem letzten Blick auf das verglühende Leben in Medjuels Gesicht, »tut, was ihr für richtig haltet!«
Dann mußte sie sich abwenden, dann was nun folgte und womöglich durch ihre Nachgiebigkeit das unvermeidliche Ende noch schneller herbeiführte, das wollte sie nicht mehr mit ansehen.
In die Beduinen war eine emsige Geschäftigkeit gekommen. Das Feuer vor dem Zelt wurde zu höchster Glut angefacht. Dahinein legten sie mehrere dünne Eisenstäbe, bis deren Spitzen rot erglühten. Und nun begann die grausame Prozedur. Zwei Getreue hielten ihren Scheich, der selbst jetzt in seiner Schwäche sich noch aufbäumte, während ein Dritter ihm vier der Eisen in die Schädeldecke stieß. Jane hörte ein Zischen und mußte an sich halten, um nicht umzusinken.
Erst als sie die befriedigten Ausrufe der Beduinen hörte, wandte sie sich um. Medjuel hielt die geöffneten Augen ins Leere gerichtet und atmete sehr rasch. Ein ungeheurer Schweißausbruch hatte den Kranken erfaßt. Es war als schwemmte seine Haut Ströme von Gift aus seinem Körper. Das Fieber sank fast augenblicklich. Dann verfiel Medjuel in eine Art Dämmerzustand, der alsbald in heilsamen Schlaf überging. Die

Beduinen hatten dank der Überlieferung uralter medizinischer Weisheit ihrem Scheich das Leben gerettet. Jane begriff erst langsam, daß er ihr erhalten blieb, ihr über alles geliebter Mann. Den Beduinen war ihr Lächeln unter Tränen erste Entlohnung. Es sollte nicht die letzte bleiben.

Wenige Tage später schon konnte Jane den vorsichtigen Transport des Kranken nach Damaskus wagen. Dort in den schattigen kühlen Räumen ihrer Villa pflegte sie ihn hingebend, bis er wieder voll bei Kräften war. Sobald er in den Sattel steigen konnte, verlangte es ihn zurück zu seinem Volk.

»Ich komme mit dir«, entschied Jane resolut und nicht ohne Stolz duldete Scheich Medjuel seine schöne Frau, seine Sitt, neben sich.

Diesmal trennten sie sich für lange Zeit nicht, lebte Jane das Leben der Beduinen mit, draußen in der Wüste in ihren schwarzen Zelten aus Ziegenhaar, umgeben von ihren Herden, ruhelos umherziehend, stets auf der Suche, wo Ziegen und Kamele noch spärliches Gras finden konnten, heute auf sandigen Wüsten, morgen durch schroffe Schluchten über steinige Hochebenen. Und wußte sie unterm strahlenden Kronleuchter ihres Salons um ihr Glück, so war es ihr hier draußen doch greifbar näher. Unterm endlosen Sternenhimmel, auf der Haut leise den Wüstenwind, das Murren und Stampfen der Tiere im Ohr, beim Duft heißer süßer Pfefferminze, war sie gewiß, daß die Nacht, die vor ihnen lag, der Liebe geweiht war. Für Jane als Frau blieb nichts zu wünschen, nichts unerfüllt. Und sie glaubte das gleiche auch für Medjuel als Mann.

Die Krankheit und die Angst, ihn zu verlieren, hatte Jane noch einmal gezeigt, wie sehr sie diesen Mann liebte. Diese Liebe, die sie aus unermesslicher Fülle verschenkte, barg alles, wonach sie in einem langen Frauenleben gesucht hatte. Diese Liebe war elementar und unverfälscht, sie wollte ebenso geben wie auch nehmen. Sie verlangte nach Austausch, manchmal stürmisch, manchmal behutsam scheu, fast mit naiver Zärtlichkeit. Gerade dieser Wechsel entzückte Jane, machte sie glücklich und zufrieden. Sie, eine Frau von beinahe fünfzig, war am Ziel angekommen. Das war nicht ohne Opfer abgegangen. Das Schicksal hörte nicht auf, ihr über alles Maß hinaus immer wieder neue Prüfungen aufzuerlegen. Hatte sie doch schon einen gewissen westlichen Standesdünkel über Bord geworden, auf viele Annehmlichkeiten verzichtet, auf Luxus, Glanz und Glamour, hatte Demut gelernt, um ihre Liebe zu erfüllen, so forderte der Himmel jetzt noch das letzte von ihr: ihren Stolz.

Die zweite Frau

Jane schreckte hoch wie aus tiefem Schlaf. Aber sie hatte nicht geschlafen, sie war nur weit fort gewesen, in der Welt der Erinnerung. Nur mühsam fand sie zurück in die Gegenwart, ins syrische Damaskus des Jahres 1866. Die Sonne senkte sich in einen späten Nachmittag, ihre Glut hatte nachgelassen, sie erlaubte den Dingen, lange bläuliche Schatten zu werfen, so auch den hohen Torflügeln, die weit offen standen und noch immer den Blick in leere sandige Weite freigaben. Langsam, noch unsicher in seinen Konturen, entstand dort draußen das Bild eines Reiters. Es wuchs heran und wurde deutlicher, ließ keinen Zweifel mehr, daß ein kräftiger Mann in weißem Burnus auf einem schwarzen Hengst saß. Hufschlag war erst zu hören als der Reiter durchs Tor ritt und der Hengst den steinernen mit Ornamenten ausgelegten Hof betrat.

Jane horchte auf. Wie lange hatte sie auf dieses Geräusch gewartet! Viel zu behende für ihre Jahre sprang sie auf, wollte rufen, winken, und die Treppe hinab ihrem Mann, Scheich Medjuel El-Mezrab, entgegenlaufen. Da bemerkte sie, daß er nicht allein war.

Neben ihm ritt eine Frau, ein ganz junges Mädchen noch, soweit man das bei der Verhüllung sehen konnte. Sie saß adrett zu Pferd, ihre Haltung drückte eine Art kecken Stolz aus, trotz des vorgeschriebenen Abstands mit dem sie hinter dem Scheich ins Tor einritt.

Jane fühlte instinktive Alarmbereitschaft. Anstelle erster Absicht, kam sie gemessen die Stufen herab und begrüßte ihren Mann freundlich reserviert.

»Willkommen, Medjuel, willkommen zu Haus.«
Das Mädchen wartete im Hintergrund ab.
Jane, die Pferdenärrin, sah sofort, wie gut die Fremde beritten war, was Zucht und Adel des Tieres anging, aber auch den Wert des Sattels und der reichen Zäumung.
»Was ist mit diesem Mädchen?« fragte Jane, »wer ist sie?«
»Ich hab' sie geheiratet. Sie ist meine zweite Frau.«
Die Antwort kam ohne jeden Arg, ganz ohne Emotion, nicht viel anders, als hätte jemand gesagt, »ich hab' mir einen Hut gekauft«. Doch die Wirkung auf Jane war die eines grellen Blitzschlags. Die Klausel im Ehevertrag! Natürlich, er war Moslem! Er durfte sich zwei, drei, ja auch vier Frauen nehmen. Streng genommen hatte er also kein Unrecht begangen, nur ihre, Janes Auffassung von Liebe und Ehe verraten.
Zum Glück begriff Jane augenblicklich, daß sie ihm keinesfalls ein Unrecht vorwerfen durfte, wenn sie nicht ganz das Heft aus den Fingern verlieren wollte. Wieder einmal, wie schon so oft in ihrem Leben, halfen ihr Disziplin und angelernte Haltung. Sie ließ ein Lächeln sehen und nickte dem Mädchen, das noch im Sattel saß, aufmunternd zu.
»Nun gut, so werden wir zu dritt sein«, sagte Jane mit äußerster Anstrengung, »wie heißt sie, deine ... zweite Frau?«
»Quadjid«, sagte Medjuel, »sie ist die Tochter von Scheich El-Barrak, einem sehr reichen Mann aus mir befreundetem Stamm.«
El-Barrak? Jane besann sich. Das war doch das üble Subjekt, das sie vor Jahren angemietet hatte, sie ins Tal des Jordan zu führen. Damals, als sie so unerwartet

dann Medjuel wiedergetroffen hatte. Wodurch dieser El-Barrak zu Reichtum gekommen war, das konnte Jane sich leicht vorstellen, Überfälle: Geiselnahme, Lösegelder!

»Also, kommt herein ihr beide! Wir werden sogleich Tee trinken. Das heißt, wenn sie ... wenn Quadjid ihn mag, auf englische Weise zubereitet ...«

Jane ging voran durch die kühle, arabisch ausgestattete Empfangshalle, durch Innenhöfe mit plätscherndem Marmorbrunnen, leise fächelnden Palmengruppen, bis in einen kleinen Salon mit Chintz bezogenen Sesseln und Mahagonimöbeln, wie er nicht anders in einem englischen Landhaus eingerichtet wäre. Überall standen silberne Rahmen mit sogenannten photographischen Bildern, wie man sie jetzt in London herstellen lassen konnte. Tee war auf silbernem Tablett angerichtet. Die alte Aischa machte sich daran, ihn auszuschenken, als Jane einen Blick zwischen der Dienerin und dem Beduinenmädchen auffing. Etwas wie Gleichklang und Verschwörung lag darin.

»Danke, Aischa, du kannst gehen«, sagte Jane sehr bestimmt, »ich schenke den Tee selbst ein.« Das Beduinenmädchen aber forderte sie auf, Platz zu nehmen, und deutete dazu auf einen der zierlichen, kleinen Sessel.

Quadjid, einen trotzigen Ausdruck im hübschen dunklen Gesicht, nahm von dem Sessel keine Notiz, sondern ließ sich mitten auf dem Teppich nieder. Die Geste, mit der sie es tat, mußte Jane als Kriegserklärung auffassen. Das Mädchen schien hinsichtlich seiner zänkischen Haltung ihrem Vater zu gleichen, an dessen kurzangebundene Brutalität Jane sich gut erinnerte. Nun gut, du verdammtes kleines Ding, dachte Jane bei sich, wir werden sehen, wer von uns beiden die Stärkere ist.

Was Jane in den nächsten Wochen und Monaten schmerzlich erfahren sollte, war, daß keine von ihnen beiden die Stärkere war. Quadjid, die von Anfang an auf Trotz gesetzt hatte, stieß bei Jane auf etwas, das ihr bisher gänzlich unbekannt war, nämlich auf britischen Gleichmut und Selbstbeherrschung. Von nun ab gab es kein Wort von Jane mehr, das ohne freche Antwort blieb, keine Anordnung im eigenen Haus, die nicht mit höhnischem Schweigen übergangen worden wäre. Selbst nach den Gesetzen des Koran war dies Ungehorsam und machte den Zustand unhaltbar, vom Aufruhr der christlichen Seele in Janes Brust ganz abgesehen. Jane war klug genug, einzusehen, daß sie bei aller Schönheit, die sie noch immer ausstrahlte, jetzt mit bald sechzig Jahren eine alte Frau war, Medjuel hingegen, um etliche Jahre jünger, als Mann noch seine Bedürfnisse hatte, die sie ihm nicht streitig machen konnte. So hatte er sich eine jüngere Frau genommen. Eine, die mit ihm das Lager teilte, wenn er draußen in den Zelten weilte, eine die ihm noch Söhne gebären konnte. Das schien ihm ganz in Ordnung so. Mit Liebe hatte das nichts zu tun. Er hatte den Versuch gemacht, Jane diese Frau ins Haus zu bringen und dabei auf Vernunft und Einsicht bei beiden gebaut. Aber auch er sah ein, daß die Hoffart des Mädchens es Jane schwer machte, sich in das Unabänderliche zu fügen.

»Ich nehme sie wieder mit mir fort«, sagte er drum eines Morgens zu Jane, »ich will nicht, daß sie dir weh tut.«

»Ich danke dir«, sagte Jane mit der Demut eines Menschen, der seine Grenzen, aber auch seine Möglichkeiten erkannt hatte, »nimm sie mit dir, Liebster, damit der Frieden wieder in dieses Haus einzieht.« Jane sah den beiden nach, wie sie hintereinander, in gebühren-

dem Abstand, zum Tor hinausritten, und Wehmut erfüllte ihr Herz ebenso wie Liebe.
Medjuel hatte nicht gesagt, daß er sich von Quadjid trennen wollte. Er war ein Moslem, ein Orientale, und er dachte wie ein solcher.
»Europäer«, sagte er voll Verachtung zu Jane, »heiraten nur *eine* Frau, aber sie können sich ganz einfach scheiden lassen, um eine andere zu heiraten und zu lieben. Ich aber, Scheich Medjuel El-Mezrab, liebe dich, meine Jane, ganz allein dich, auch wenn eine andere Frau in meinem Zelt schläft.«
Und über jede Kluft hinweg glaubte Jane ihm. Nie mehr ritt sie mit ihm hinaus in die Wüste zu seinem Zelt aus schwarzem Ziegenhaar, dort wohnte Quadjid bei ihm.

Aber Medjuel hielt Wort. Immer wieder kehrte er in das Haus in Damaskus zurück, zu Jane, seiner wirklichen Frau. Das war seine Art der Liebe, seine Art der Treue, ein langes Leben lang.

Lady Jane Digby El-Mezrab starb 1881 mit vierundsiebzig Jahren in Damaskus und wurde dort auf dem europäischen Friedhof bestattet. Viele Freunde und Bekannte der Stadt und aus der englischen Kolonie gaben ihr das Geleit, aber niemand trauerte so um sie wie der Scheich Medjuel El-Mezrab. Draußen in der Wüste opferte er bei Tageslicht ein Lamm für seine tote Frau und am Abend, als die Sonne rot glühend am Horizont unterging, noch ein junges Kamel. So wollte es der Brauch seines Stammes.

Inhalt

Erwartung 7
Die Tochter des Admirals 11
Die Fuchsjagd 17
Die Frucht des Vierten Gebots 25
Lady Ellenborough 32
Ein Wiedersehen 36
Urlaub zu Hause 41
Der ersehnte Erbe 50
Fürst Schwarzenberg 53
Endlich die große Liebe? 61
Metternichs Veto 71
Der Himmel stürzt ein 79
Im Hause Thürheim 83
Straßburg 93
München 102
Ein Platz in der Schönheitsgalerie 113
Im Englischen Garten 119
Baronin Venningen 123
Wie ein gefangener Vogel 133
Neues Leben – neue Liebe 141
Das Duell 152
Wie wir vergeben unseren Schuldigern 158
Ruheloses Zwischenspiel 165
Des Herzens Fülle – des Herzens Trauer . . . 171
Der Palikarenhauptmann 180
In den Bergen Albaniens 187
Dem Schicksal den Rücken gekehrt 196
Es geschah auf dem Ritt nach Palmyra 205
Bedenkzeit 212
Die schwarzen Zelte der Nomaden 224
Ein Hilferuf aus der Wüste 229
Die zweite Frau 235